大成就者的加持

竹旺貢覺諾布傳

智者惹色貢覺嘉措 等撰

目錄

拉企左耳聖地

瓊贊法王 貢覺丹增曲吉囊瓦

瓊贊法王序

　　比丘貢覺諾布仁波切（竹旺仁波切），就當今我們直貢噶舉派而言，是僅次於巴瓊仁波切的第二位殊勝成就者，第三位是比丘丹增尼瑪仁波切，關於他們三位的排行是這樣。簡單地講，修傳派傳承的關鍵就落在他們三人身上。

　　比丘仁波切（竹旺仁波切）他是修行人，說話直來直往，不像精通世間八法的我們，受到名聲和地位的影響很嚴重，說話常常要顧及是否得體；我以前去印度，竹旺仁波切接見弟子時，突然就像罵人一樣地說：「你們有什麼問題來問我，我又不是什麼格西，你們問的問題都是用來引起爭吵的話題。」就這樣像罵人一樣地開示。我們後來才真正知道：喔，原來他是這麼率直的上師，不是那種會說漂亮話，配合別人想法去說話的人，所以別人都說竹旺仁波切很兇，但經我解釋後他們才了解：「這是直貢噶舉教派的作風，直來直往，不管世間八法。」他們在佛法的了悟與功德，已超過我們百倍千倍，他們具有修傳派法教的傳承，進行閉關修持而獲得究竟的了知。

　　從我們僧人的觀點來說，竹旺仁波切他們證量非常高，他們是宗教上稱為「比丘」──較高層次的僧人；我們被稱為「沙彌」──較低層次的僧人。我覺得你們福報很大，能在竹旺仁波切等眾多智者和有證量仁波切跟前得到眾多佛法教授，而我們過去雖然拜見過他們，卻不像你們有這樣好的機緣和時間，或像你們一樣簡單方便。我也想在竹旺仁波切他們跟前好好求法修行，但是因為自己有特別的責任，所以從來沒有這樣的機緣和時間，不像你們，因此我覺得你們福報很大。

　　　　貢覺丹增曲吉囊瓦　　2003年9月 口述

澈贊法王作序

　　竹旺貢覺諾布，是直貢替寺的閉關院八百多年以來不斷培養出的各各成就者中，屬於近代的一位成就者，他生在直貢替山腳下，幼年即進入寺中出家，後來在直貢噶舉派的佛學院中學習，當時持禁行的大成就者惹霍曲札將他收為弟子，生起大圓滿的證量，之後被大成就者巴瓊仁波切收為弟子，對他說：「你是能觀照自心的人。」並在直貢替寺的閉關院中，做了三十年的大手印閉關，在大手印的領悟上，能從心中無礙地講解岡波巴大師與曲迴瑜伽士的問答。

　　文革期間，他將吉天頌恭的甚深法藏在深山裡，後來去找的時候，只找到一頁經文，那是寫著帝洛巴的法語：「嗟吼！此為自覺之本知，超越語言非意境，帝洛巴我無所說，當己自表而領悟。」只得到了引用帝洛巴法語的一頁經文，他曾斬釘截鐵地說：「大手印的意義，都在這裡面，沒有比這更殊勝的了。」他是一個終其一生，都在大手印大圓滿境界之中的瑜伽大成就者。透過這本《竹旺貢覺諾布傳》，願一切有緣者今生來世都獲得上師的加持，能效法他的一生並同樣獲得成就。

> 受勝者直貢巴加持的
> 貢覺丹增貢桑赤列倫珠　　2015年12月1日

༄༅། །གྲུབ་དབང་དཀོན་མཆོག་ནོར་བུ་ནི། འབྲི་གུང་གདན་ས་ཐེལ་སྤྲུལ་སྒྲུབ་ས་ལོ་ཙ་བཀུད་
བརྒྱའི་རིང་རིམ་བྱོན་གྲུབ་ཐོབ་རྣམ་མི་ཆད་པའི་ནང་གི་ཐིམ་བྱོན་གྲུབ་པའི་དབང་ཕྱུག་ཅིག་ཡིན། ཤོར་
འབྲི་གུང་མེ་ཚོ་ནས་འབྱུང་ཞིང་རྒྱུད་དུ་རྣམ་གདན་མའི་སྒྲར་བཞགས། ཐིག་འབྲི་གུང་
བཀའ་བཀུད་ཀྱི་ནང་སྤྲུན་ནང་སློང་གཉེར་གནང་། དེ་སྐྲས་གྲུབ་པའི་ཐུལ་བཞགས་འཛིན་པ་ར་དོར་
ཆོས་གྲགས་ཀྱི་ཞབས་ལ་གཏུགས་ནས་རྟོགས་པ་ཆེན་པོའི་རྟོགས་པ་མངོན་དུ་གྱུར། ཐིས་གྲུབ་དབང་
དཔའ་ཆུན་རིན་པོ་ཆེའི་ཞབས་ལ་གཏུགས་ནས་བྱིང་སེམས་དོ་བསྐྱ་མཁན་རིང་འདུག་གསུངས་ནས་འབྲི་
ཐེལ་སྤྲུལ་བྱར་ལོའི་སྐུ་ཚེའི་རི་ར་ཐུག་རྒྱ་ཆེན་པོའི་བཀུལ་ཞུགས་བསྐུངས་ཏེ་ཕུ་ཐབ་ཆོན་པའི་ཕུག་ཆེན་གྱི་
སློར་རྒྱ་སྐྱབས་པོ་པ་དང་། རྣལ་འབྱོར་ཆོས་དབུད་ཀྱི་ལུ་ལན་དེ་ཐོགས་མེད་དུ་སྒྲུབས་ལས་གསུངས།
རིག་གནས་གསར་བཟོའི་སྐྲས་སློབ་པའི་ཐབ་ཆོས་རི་མེད་དུ་སྒྲུབ་བསྒྲུང་མཛེད་དེ། ཐིས་བུ་དེར
བཅུའ་བར་མཛེད་སྐྲས་ཤོག་ལེ་གཅིག་ལས་མ་ཐོབ། དེ་དེ་རྗེ་ལོ་པའི་གསུང༔ ཀྱི་ཏོ༔ འདིའི
རང་རིག་ཡེ་ཤེས་ཏེ། །དག་གི་འལ་འདས་ཡིད་ཀྱི་སྤྱོད་ཡུལ་མིན། ཉི་ལོ་ངས་ནི་ཅི་ཡང་བཤད༔
མེད། །རང་གིས་རང་རིད་མཆོན་ཏེ་ཤེས་པར་བྱོས༔ །ཞེས་ཡུང་འཛིན་མཛད་པའི་ཤོག་ལེ་དེ་གཅིག་མ
དུ་ལས་མ་ཐོབ། དེར་ཡུག་ཆེན་གྱི་དོན་འདི་ལས་སྤུག་པ་མེད་ཅེས་པུ་ཐབ་ཆོན་པའི་གསུངས་བྱིན་ཏེ།
སྐུ་ཚེ་མ་ཐེན་ནར་དུ་ཡུག་རྟོགས་ཀྱི་དོན་ལ་མཉམ་གཞག་མཛད་པའི་རྣམ་འབྱིར་གྱི་དབང་ཕྱུག་ཆེན་པོ་ཞིག
ལགས་སོ། །དཔལ་**གྲུབ་དབང་དཀོན་མཆོག་ནོར་བུའི་རྣམ་ཐར**ཞེས་པ་འདི་ཡར་སྐྱུན་སྤྲས
པ་བརྒྱུད། དེ་དང་འབྲལ་བ་ཐོགས་ཆད་འདིའི་ཕྱི་གཉིས་ཀར་དུ་བླ་མའི་བྱིན་རྣབས་འདུགས་པ་དང་། གྲུབ
པའི་ཐུལ་ཞུགས་ཀྱི་རྣམ་ཐར་རྗེས་སུ་སྒྲོག་པར་འགྱུར་བ་དེ་དེ་བཞིན་དུ་གྲུབ་པའི་ལོགས་སློན་གྱི་མཆོགས
གྱུར་ཏེ། རྒྱལ་བ་འབྲི་གུང་པས་ཐུན་ཀྱིས་བསྐྲབས་པ་དཀོན་མཆོག་མཐུན་འཛིན་ཀུན་བཟང་འཕྲིན་ལས
སྤུན་གྲུབ་ནས་ར་བ་གནས་ཤིག་ཏུ། ༢༠༡༥ ལོའི་བོད་ཟླ་ ༡༣ པའི་ཆེས ༡ ལ

出版緣起

　　末學巴給貢覺諾布從1996年開始就有編輯竹旺仁波切傳記的的心願，當時心裡想，像仁波切這樣自然的上師，勝義的比丘，爲了佛教，尤其是爲了藏傳佛教，他做出那些奉獻，以及如何配合時代，爲佛教弟子表裡如一地開示甘露法語，若能彙集成書或錄成光碟該多好，正當這份希求如饑似渴時，我向竹旺仁波切的功德主台灣女居士吳慧玲（卓瑪央宗）說明，她也認爲如果能做到，既可爲佛教做點貢獻，更可把西藏瑜伽士的事蹟介紹給全世界的人，這也是我們的福氣，一定要做。

　　在她持續支持下，各個提供傳記內容的善知識們，也都隨喜我的請求。這本書所有內容都是各篇作者親自所見，不帶任何捏造與修飾，都是依照實際發生的事情而做的記錄。編撰此書的主要目的，是希望讓曾經聽過上師開示，見過上師的法友及信眾們瞭解聽過的不能僅是聽過，還要身體力行。同時感謝各篇作者及校訂者的大力協助，由於編輯相當匆促，末學亦欠缺知識學習，書中必有諸多錯謬，敬請讀者不吝指正。謹願以此清淨善行，代表我與輪涅一切眾生三時所積資，以及本具善根，令量等虛空一切有情速得珍貴無上正等圓滿菩提。

　　　　　　　　　　　直貢巴給貢覺諾布　2015年4月25日

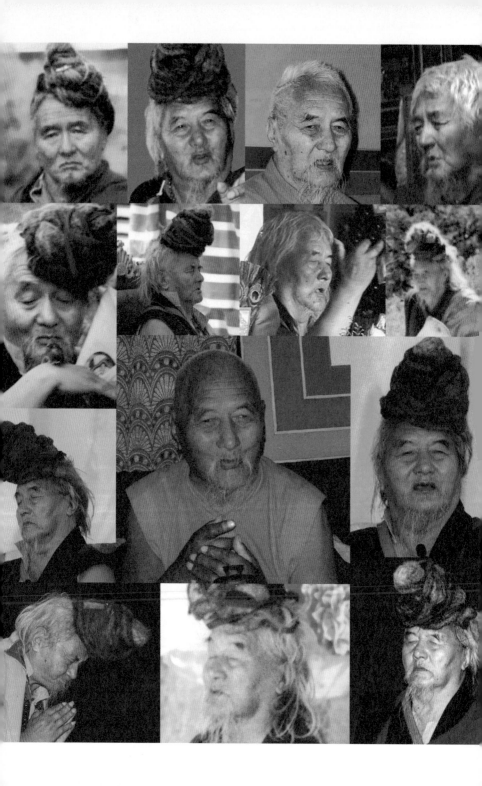

紐捐雖碟鐵貝東央修梭

《竹旺仁波切快速轉世祈請文・信心悲歌》

ན་མོ་ལོ་ཀེ་ཤྭ་ར་ཡ། རབ་འབྱམས་རྒྱལ་བའི་མཁྱེན་བརྩེ་ནུས་པ། སྒྱིངས་ཕའི་འགྲོ་ལ་སྐྱོབ་ཕྱགས་བཞི་བའི། །

那摩洛給修瓦惹雅　　惹講給衛千賊記對巴　　逆耶卓喇拉巴勒土賊貝

頂禮觀世音自在。　總攝廣大如來悲智力，尤其悲憫五濁有情眾，

སྤྲུལ་རས་གཟིགས་མགོན་དབྱེར་མེད་རྩ་མ། །སྤྲུལ་དབང་དཀོན་མཆོག་ནོར་བུ་གསོལ་བ་འདེབས། ཁྱེད་ཕྱགས་རིག་སྟོང་ཆོས་སྐུ་ཕྱག་རྒྱ་ཆེ། །

間惹斯貢業美喇嘛傑　　竹旺滾秋諾布勒雖瓦碟　　切土日東卻珠恰甲切

無別觀音怙主上師尊，竹旺貢覺諾布祈請之，您意覺空法身大法印，

སྤྲོས་མཚན་པོ་ཡང་གཟུགས་སྐུ་བསྡུ་བ་འདི། །ཉམས་ཐག་སྐྱོབ་འབངས་དུག་བསྔལ་མནར་བ་ལ། །མགོན་ཁྱེད་ཕྱགས་ཀྱི་བཏང་བ་ཅང་སྲིད་དམ། །

追餐車洋蘇估對巴迪　　娘踏洛邦土可那瓦喇　　共切土己當瓦將司湯

雖離戲相收攝此色身，可憐徒眾痛苦所逼惱，怙主您心可能捨棄嗎？

བགྲང་ཡས་བསྐལ་པ་རྩལ་ཆེན་ཕྱགས་སྐྱེད་དང༌། །ཚོགས་གཉིས་རྒྱ་མཚོ་བཀྲུབ་བས་ལེགས་འཁྲུངས་བའི། །མཆོག་གི་སྤྲུལ་སྐུ་ཡིད་བཞིན་དབང་གི་རྒྱལ། །

張業給瓦勒樂千士給倘　　措逆甲措蘇類類充貝　　秋給追估以形望己給

無量劫中大力之發心，攪拌二資大海所出生，殊勝化身如意自在王，

སྤྲུལ་པ་ཆེན་པ་བར་ཕྱགས་རྗེ་གཟིགས་ཀྱིས། །བླ་མ་ཡི་དམ་མཁའ་འགྲོའི་ཐུན་སྲུབ་དང༌། །བདག་ཅག་སྟོབ་འབངས་སྐྱ་གནས་གདང་ཐུགས་ཀྱི། །

扭篤捐巴勒吐結司蘇雖　　喇嘛以堂卡追情土倘　　達價洛邦拉桑東修己

快速轉世祈願悲照見，上師本尊空行加持力，我等徒眾清淨殷切力，

རྩེ་གཅིག་གསོལ་བཏབ་འབྲས་འཐུན་འབྲས་ལ་ཡིས། །མཆོག་གི་སྤྲུལ་སྐུའི་འཛུམ་ཞལ་མྱུར་མཐོང་ཤོག །

賊記雖大真貝哲不已　　秋給追貴宗協扭傑修

一心祈請諦力之果實，殊勝化身笑容願速見。 此為至尊弟子，比丘 赤列貝瑪

所促請，努巴仁波切，於直貢噶舉仁欽林，以殷切心做祈請　　願一切發願果實速成。

ཅེས་པ་འདི་ཉིད་ཀྱི་ཞལ་སློབ་དགེ་སློང་འཛིན་འཛིན་ལས་པ་བར་བཀྲ་ཤིས་ སྐྲ་སྐྲ་བ་རྩ་འུའི་མིང་གིས་ནམ་ཡང་འདི་ཤུང་ངའན་བཀའ་བརྒྱུད་ཞེ

ཆེན་ནི་དང་དང་གདན་ས་དག་འགྲོ་བ་དག་འགྲོ་བ་ས། ལྷར་སྐྱོབ་པའི་རེ་འབྲས་བ་གྲུབ་པའི་རྒྱུ་གྱུར་ཅིག །༢༠༠༩ བོད་ཟླ་དག་པའི་༡ ལ་བྲིས །

法眼莊嚴

竹旺仁波切指印

1922年～2007年

直貢地方相好身降生，

直貢巴瓊部主爲上師，

直貢替寺豎立修持幢，

直貢竹旺貢覺諾布尊，

雪域地方圓滿悲智力，

雪域怙主名聲普聞揚，

雪域政教之故恆勤勞，

雪域成就自在您稀有，

全球親自降賜法甘霖，

全球各處遍佈您徒眾，

全球憐憫眾生離俗行，

全球之母唯您別無他，

身披真實妙善之行持，

語賜精華六字真言露，

意中旨趣等同一切佛，

無污摯友直貢成就者。

　　成就自在直貢竹旺貢覺諾布仁波切，其名聲於全球猶
如天上日月一般普遍稱頌，眾人皆以「直貢竹旺仁波切」
之名恭敬於頭頂，彼聖者身語意雖不可思議，但就眾人眼
前所見，從出生至圓寂的一生傳記可由：

　　一、藏地出生至前往印度；二、於印度尼泊爾乃至全
球各地弘法護生（即本書「聖者的足跡」一章）；三、收攝色身
圓滿（即本書「聖者圓寂」一章）等，三部分總集。

文革開始前的直貢噶舉派祖寺直貢替密嚴剎土菩提林

《竹旺貢覺諾布傳・一》

一位聖者的誕生

智者惹色貢覺嘉措 撰

　　西藏首府拉薩以東，直貢修堆是充滿十善法吉祥，眾多天神仙人聚集的地方，有如龍樹的第二勝者吉天頌恭加持了這個聖地。

　　直貢噶舉派根本道場，名為「密嚴剎土菩提林」的直貢替寺，和稱作第二鹿野苑的外園「拉耶湯」廣場，是吉天頌恭為十萬餘徒眾轉法輪的地方。

　　竹旺仁波切就誕生在那附近的「惹色」。父親名叫敬堪，母親屬於古老的竹堪家族，名叫吉卓，在直貢替寺努巴拉章（拉章：轉世活佛的住處）擔任女僕。

　　仁波切生於公元1922年。在家中五個子女中排行第二，上為長姐。由於母親需要獨自撫養兒女，生活極為艱困。根據母親地方的習俗，大多數男孩都要入寺出家，因此仁波切六歲時來到了聞名的菩提林直貢替寺——直貢噶舉派的祖庭。在金殿吉天頌恭法相前獻上油亮頭髮作為供雲，受持清淨梵行的在家皈依戒，並被賜予「貢覺諾布」的法名。貢覺、仁欽意義都是梵語的「惹那」（寶）。「惹

那」是「惹那師利」（梵文「惹那師利」，藏文「仁欽貝」，中文「寶
吉祥」，吉天頌恭的法名）的一部份名字，因此直貢派的弟子，
尤其是在直貢出家的人，一開始法名都冠以「仁欽」二
字，之後全冠以「貢覺」二字。

依寺院的規矩，一旦入寺，須先跟隨兩位掌堂師學習
讀誦，之後學習書法。讀誦首先要從藏文字母開始學，每
天同小僧一般接受考試。過去寺院裡的小僧們有一處團體
生活的大房子叫做「弟子房」，後來小僧們被分派到各個
僧房做近侍弟子，就沒有弟子房的規矩了。

生活上除了定期上殿的糌粑之外，吃飯沒有定數，
因此小僧們會走到東西兩面閉關房，敲著閉關房的小木門
說：「我的比丘如意寶，頂禮與供養的對象，請恩賜我食
物吧！」用這種唱調乞食，幼時的竹旺仁波切也曾這麼做
過。過去直貢萬戶的輝煌時代，生活上絕對不會有這種困
境，然而來到直貢供養莊園最衰微的時刻，直貢替寺每年
例行法會的開銷，需由僧人自己投入花費後取得利潤，這
和其他寺院相形之下顯得特別艱難，即便條件如此，仁波
切的其他兄弟後來也陸續來此出家。

仁波切依照慣例學習了直貢派的課誦、儀軌、食子製
作、金剛舞等等，他尤其擅長索惹（法尊四居士之一）的金剛
舞。不過與此同時，凡是上殿、工作、斟茶、吹螺等等出
家僧該服的勞役也不能免。後來被楊柳宮的管家貢波收為
弟子，仁波切對此非常感恩，往後不斷感念其恩德。

寺院作為佛教的根本，首重僧伽的修持，修持的根本

直貢覺巴吉天頌恭

則在於戒律，其核心又在持戒，若世上有人持戒，則佛教便能住世，若無人持戒，則等於世上已無佛教，因此，佛曾親口說：「於我入滅後，此爲爾等師。」又說：「佛亦恭敬戒，僧前殷切讚。」這說明佛也讚嘆戒律既是代表教主同時也是代表佛教。無比大直貢巴也說戒律是一切大小乘的基礎。大乘所主張的一切智人的本慧，也是由珍惜戒

直貢澈贊法王席衛洛追

律而能增長圓滿。

　　基於守戒如護眼，仁波切於二十歲時，在直貢澈贊法王息衛洛追尊前，和眾多直貢弟子一起先受沙彌戒，後受比丘近圓戒，真可無愧地說是「我梵行已立」。

　　夏季，仁波切前往牧區化緣，依照施主的請求，多次唸誦般若十萬誦與陀羅尼總集、般若八千誦十綱等，因而得到很好的供養，日後仁波切常提到起：「唸經時，不多不缺無錯誤，咬字清楚地唸誦非常重要，我年幼時曾到牧區唸誦很多經文，因貪圖供養故，不注意唸誦的缺漏錯誤，對現在修行造成很大傷害，經書匣裡空無經書的境相屢屢升起，這是唸誦假法的過失相，惡業很大。」

　　由於佛教大寶皆出自於教證二學，因此在一切博學智者讚嘆、法王發心延續直貢噶舉派傳規的情況下，於過去稱為「魯瑪江惹」（沼澤柳園），後來稱為「尼瑪江惹」（太陽柳園）的地方，成立了釋教興盛林佛學院。仁波切於二十六歲時，聽從直貢替寺的安排，於1947年進入該佛學院。學院裡所學習的內容，是印度大阿闍黎二勝六莊嚴（二勝為釋迦光、功德光，六莊嚴為龍樹、聖天、無著、世親、陳那、法稱。）所宣說的十三部大論，包括《別解脫戒經》、廣略《偈品》（廣偈品為釋迦光所著《沙彌三百頌》，略偈品為龍樹所著之《五十偈品》）、《律本事》根本誦、小乘《俱舍論》、大乘《阿毗達磨集論》、《彌勒五論》（《現觀莊嚴論》、《經莊嚴論》、《辨法與法性論》、《辨中邊論》、《寶性論》）、《中觀根本慧論》、《空性七十義》、《六十正理論》、《細研磨論》、

直貢太陽柳園佛學院

《回諍論》、《入中論》、《中觀四百頌》、《入菩薩行論》等。在此之上，還有噶舉派不共特色法《大乘法教心要》，以及《正法一意》等的聞思。

仁波切在學院學習了五年，當時正是阿貝堪布卸任、次丹桑波堪布初接堪布位的時刻。仁波切曾說：「對於各論理解都不算差，但是主要在中觀上能夠無誤地應答。」

之後開始習「止」，他說：「有時去法帽殿附近的『娘禪修洞』修習禪定。」

佛學院秉持活佛蔣揚旺傑教導的規矩，先傳四心滴的成熟灌頂，之後依序從《前行教授・普賢上師言教》、《生起次第・前往密嚴剎土階梯》、《引導文本慧上師實修直授》等等經文配合教導。

住在佛學院時，在直貢斯容建立寺院的大堪布賢噶，其直傳弟子卻桑仁波切給予四心滴灌頂時，仁波切看見傳法上師眼中裡，有白色光亮的「阿」字，他曾對努巴仁波切貢覺丹增說：「這是第四灌頂的介紹。」

當時仁波切也擔任佛學院的代表，那時的佛學院，大殿所有的窗戶都只是鐵絲網，沒有玻璃窗，門簾也相當

破舊，因此起風時，灰塵等等都會吹進大殿裡，仁波切從窗孔中看到一個來取羊毛的布匹商人，便打開大殿門，請他為寺院做門簾，當時次丹桑波堪千說：「以後你會投生三十三天。」在以後的修行中，仁波切看見天界有這樣的布搭起的帳棚，因而對堪千所說生起信心。

完成五年的學業後，仁波切回到了直貢替寺，加入東側的閉關僧團，拜見了博學且持戒清淨的大成就者巴瓊仁波切，次第聽受了顯密一切法的精華——究竟了義教授大手印五具前行教授。

因為文化革命時不能學習佛法，仁波切同時還要做些雜貨生意，雖然使自己生活好了，卻沒給貧困的母親錢，所以別人都說仁波切吝嗇，有諸如「死要錢」、「摳門」等等批評。後來被派遣擔任閉關總管的助手，仁波切說：「總管的錢不能隨意亂用，不得不小心謹慎。」一般而

太陽柳園佛學院的僧眾

博智淨戒成就者金剛持巴瓊仁波切

言，寺院大部分的僧人持戒都很清淨，少部分行爲不檢，
對屬於墮罪的僧殘罪等過失不視爲過，仁波切自己也曾犯
過這些罪，以後他對小阿尼們說：「僧殘罪等這些墮罪有
很大的過患，會讓修行時產生無限的障礙，你們幼年出家
受戒要做到能持戒。」

　　經由他人幫忙，仁波切兩兄弟先後又進入太陽柳園佛
學院（尼瑪江惹佛學院），在佛學院時，聽受了父法《大乘法
教心要》、《正法一意》等直貢派不共法要，也領受了《甘
珠爾》口傳，對於揭示大手印眞如無誤義理的《朵哈》道
歌，仁波切說他自己認認眞眞地做了聞思。又從二位法
王尊前在三大法會（豬年大法會、猴年大法會、蛇年大法會）中受
法，直貢替寺每年會固定舉辦大悲觀音的瑪尼法會，仁波
切領受了成熟的灌頂並予以修持。

　　1959年，西藏發生大動盪，僧尼人數減少，大部分被

遣回家鄉，依照政府的指示接受社會主義，以及民主改革等等的教育，仁波切來到以前功德主的地方──北方札噶下湖，文革開始後，「大躍進」被推向高峰。

1971年，撤去互助小組，成立人民公社與隊伍時，仁波切來到出生地惹色，因為精於計算氂牛，被委派看守氂牛。有次被任命為牧區的財務長，因為做事太細心，常與同事們吵架。仁波切說有時為了去算氂牛，到雅如等湖邊後，幾次都因為修習禪定而沒察覺太陽已下山。

1979年，升起了宗教重新發展的新氣象，藏族百姓們心花怒放，也期待著直貢替寺能夠重建，仁波切自從來到惹色之後一直單身，累積的牲畜有十頭。

1981年，吉天頌恭第二的巴瓊仁波切大金剛持，為了重建殊勝的直貢替寺而來到修堆，仁波切當時住在雅如後方的如瓦，迎請至尊上師到新住處後，頂禮上師足下，既喜且悲地說：「將會盡快前往山居。」上師因此非常高

1959年後的直貢替寺

興。之後仁波切對如瓦地方的朋友們說：「我也打算去修法。」不僅朋友們都不相信，連叫做噶瑪的叔叔也說：「你這麼愛錢，這麼吝嗇的人，如果會去修行，我就倒立走路。」別人也這麼議論著。

仁波切說：「有時住在破爛的瞻洲莊嚴，以後瞻洲莊嚴並無損毀。」

1982年，仁波切將房子土地與財物牲口等等，交給長年在外流浪，後來回到家鄉的妹妹之後，下定決心要去山居修行。

仁波切曾這樣說：「我若這次沒拜見巴瓊仁波切，以後無論累積了什麼福德，將來無疑地都必將墮落地獄，不用說上輩子作了什麼，今生上半輩子也造了很多惡業，因為拜見了上師仁波切，這輩子的情況自然地轉變了，心裡能夠放下輪迴，現在就算死了也不怕，上師仁波切的恩該怎樣還？」因此仁波切放下了一切，前往直貢派的祖庭，噶舉修傳派的聖地，即《吉天頌恭傳記・孔雀獅子》裡說的「千萬羅漢眷寶殿，聖地修堆直貢替」，前往拜見巴瓊仁波切，之後聞思了上師所傳的教授。那時的楊柳宮，在早先大隊時期修改成牛圈，仁波切在牆角濕牛糞圍起的小牛犢圈中住下修行，並把領悟報告上師，上師說：「心性還得再抉斷一番，在直貢替天葬台、德仲等地方持禁行修持。」遵奉上師指示，仁波切來到德仲，朝拜「明鏡台」、大殿，並在「蝙蝠求救」天葬場修行了幾個星期，期間取一壺冷水，完全沒飲用過開水。

竹旺仁波切進行三年三分閉關的關房

　　住在蝙蝠求救天葬場時，石頭上有個小線團，上面放著一尊佛像，仁波切覺得可能是某人的東西落在這了，再仔細看的時候，卻什麼也沒有了，才知道這是本尊身與明點的介紹，修爲進步的徵兆。再次回到寺裡時，宗澤比丘貝桑與僧眾們一同請求上師巴瓊仁波切恢復東側的閉關院，並請求仁波切加入。

　　1984 年，遵奉至尊巴瓊仁波切的指示，同時仁波切自願的情況下，按照歷代噶舉祖師的規矩，進行三年三分的閉關，並將洞口與房門以泥密封，密續有云：「修持三年三分關，將得殊勝之成就。」上述所說內容具有外內密甚深的緣起要點，能清淨業風，增長本慧風；三年三分的說法，並非恣意捏造，有些人完全不懂，說成「三年三月

巴瓊仁波切迎請吉天頌恭像回到直貢替寺

三天」這類相似的話，實在是愚昧的妄言，因為所謂「三年」，其實真正是三年兩個月半。

仁波切晝夜六時為了要串習禪定之故，遵照上師仁波切不可以唸經的指示，雖然卡佐比丘特意請來經書，可是仁波切一個字也不看，按照閉關的方式仁波切寫字條回覆說：「我要看就看無常。」

有一次，出現腳部的疼痛，以致腳無法伸拉與彎曲，必須拖著步子煮茶上廁所，內心浮現經歷中陰與六道的境相，因為過於恐怖，仁波切心想：「該如何是好，是否該出關？」

這情況透過卡佐比丘傳到上師耳裡，上師說：「這一點也沒問題，就在那個情況下持續修持，不可以出關。」

又問：「可否請囊色醫生看看？」

上師說：「讓他進去關房吧。」

竹旺仁坡切使用「直貢噶千」茶碗進食

　　由此，仁波切的腳疼好了，他曾說：「這是由於緣起，本來這個業障病，只有業障清淨才會好，藥豈能清淨業障，因為專一地修持，所以氣自然地進入中脈。」

　　由於氣脈的緣起，才會出現各種境相，如煙、燈火等等之兆。仁波切描述，有天黎明，巴瓊仁波切金色身顯現在一燭火之中，後來身形漸漸遠去最終消失，但是燭火之相一直到天亮才消失。

　　初修定時，念頭如瀑布之水，後來漸次平息放鬆，如同大河般緩緩地流向自處，穩定配合三種精進、專一地修持，將會依次獲得十種道相與諸多功德。

　　一年半後的秋收時節，從竹達地方來的一個叫做桑顯群培（桑顯意思為禪定，群為法，培為增長之意）的人，將新鮮的

蘿蔔與整串豆子，放在一個小容器裡交給我，請求我代為獻給仁波切，我於隔天送水的時候，一同將這些東西送過去，仁波切說：「今天的緣起非常好，是象徵禪定之法不斷增長終至頂尖的桑顛群培所獻，證果之後事業將如泉水不間斷的徵兆。」如此說著歡喜地收下了。

現在雪域修傳派中，一般人對於所謂的「三年三分」閉關，以為是從四加行開始的次第修習，大部分也這麼做所謂的「三年三分」閉關，然而在直貢噶舉派的傳規中，並不把大手印的次第修習稱為「三年三分」閉關，所謂的「三年三分」閉關，是指完全直修大手印的閉關，因此二者不可等同視之。

佛教包含講授與修持，雖然必須先做佛法的講授聽聞，但若只有聽講，而無實修核心內容，那麼聞思也無存在之必要。正如《本生經》說：「既聞法已精勤修，縫中能脫生牢獄。」岡波巴大師說：「若奮力聞思修佛法，就是無誤要訣。」因此，將所聽聞的法落實在實踐上，是噶舉成就證士大海，源源不絕、遍滿雪域各地的原因，尤其至尊直貢巴吉天頌恭教授眾弟子顯密精華大手印五具之後，令住山林修持，使殊勝修持地遍及各處，而有「山林平原皆是直貢者」之語。尤其歷代法王皆專注於修持，被尊稱為「修傳頂莊嚴勝者直貢巴」更是實至名歸。

仁波切也遵循噶舉祖師的規矩，身閉關、語禁語、心專一入定，立下噶舉派修持的典範，不在文字上希求達到

菩提，而是使解脫的事蹟不僅僅只是歷史，更能展現出至今仍不衰退的表徵，發揚了修傳派的特色。

仁波切此時屢屢親見法尊吉天頌恭，得到直貢噶舉派法教興盛與廣揚的發願。仁波切說：「我有發願的教旨。」往後此事常常對眾多弟子們提及。

其他修傳派的規矩，是眾多閉關者一同在關房內修持，然而直貢噶舉派是閉關者獨自一人在關房內修持，不可一同修持，彼時關房外，除了送水之人，他人不可靠近，綠草與植物長滿各地，看似關房無人一般，最終使心安住猶如大江入海，令離戲瑜伽現前。

觀修之首為敬信，由對於上師無造作的信心所促使；倚仗觀修之足為厭離，而能抵達本來勝地。

完成修持之後，來到札雷噶瓊拜見上師金剛持巴瓊仁波切，卡佐比丘稟告說：「貢覺諾布從阿企護法殿後面來了。」

上師說：「喔，給他呈碗酸奶。」

頂禮之後，以覺受證量之功德供養雲令上師極為歡喜，上師說：「你是硬漢。」並在脖子上賜予哈達。

當稟告升起如此這般覺受之相時，上師說：「會出現這樣，我瞭解，但是不要貪著這一切。」感到非常欣慰。

在修傳派的傳統中，長期近修時沒有剪髮的習慣，而是將頭髮束於頭頂，稱為「關髮」，至尊巴瓊仁波切要求當時已做完近修的閉關者都蓄髮。

仁波切說：「我曾破比丘戒，想重新受戒。」

上師說：「你就是嘿汝噶比丘。」

何以如此？此於顯密中皆有開示，《地藏十輪經》說：「善男子，復次比丘有四，何四者？謂勝義比丘、世俗比丘、如蠢羊比丘、無慚愧比丘。何為勝義比丘？謂如是：佛、薄迦梵大菩薩比丘、大功德者、一切法自在者，或達佛果菩提、阿羅漢、不來果、一來果、等流果，總攝如是七類人為勝義比丘；在家男子不剃鬚髮，不著法衣，不受、不請、不求一切出家分別解脫戒，不做長淨布施，一切如理羯磨皆不趣入，然而若具足聖服並得聖果，亦攝為勝義比丘，此等名為勝義比丘。復次何為世俗比丘？謂剃鬚髮，著赤黃衣，出家，具出家分別解脫戒，是名為世俗比丘；復次何為蠢如羊比丘？不知已破未破根本罪，不知其輕重，造各種細微墮而不知懺悔發露，造罪猶傲慢，無視無懼細微罪，不親近博學智士，偶爾承侍多聞具智者，不為僕，不知恭敬求教，不問何為善，何為惡，雖無造罪，亦不求教何者應為，何者不應為，如是之人，皆攝為此，稱蠢如羊比丘；何為無慚愧比丘？謂有情為活命故住我教中出家，犯一切分別解脫戒，無慚無愧，無視無懼來世苦果，彼如裝滿廁糞之噶喇蟲，螺聲中具狗吠，常妄語無實語，吝嗇，嫉妒，愚痴，我慢盡執有，遠離三正等殊勝業，求利養，貪名聲，慕六塵，逸於貪著，貪著色、聲、香、味、觸，此等之人，攝為無慚無愧、壞正法者，稱無慚愧比丘。」

如是勝義與世俗比丘的分別，百成就者共祖薩惹哈
說：「昨日以前非比丘，今日以往是比丘，嘿如噶尊大比
丘，勝義比丘大比丘。」應當即是此中所說旨趣。

其後，仁波切持續依止憶念之修持做閉關，而令一味
之證量於心續中生起。

又謂：
無壞本淨心性之虛空，
無知二障消融雲之中，
無念專注微風自然涼，
無攀明空日月威光盛。
教法一生不具唸誦慢，
教旨不具頂帶頭頂勇，
教傳上師稀有之教授，
教恩今生解脫甚稀有。

1990年直貢帕洛仁波切與竹旺仁波切合影

覺悟聖者的利生事業

智者惹色貢覺嘉措 撰

噶舉派的珍貴教授這樣說：「悲心為修持之事業。」

當己現證一切法甚深實相空性時，將對尚未如此了悟空性的有情，生起「應當使之了悟豈不妙哉」的悲心，自然走向利他，《菩提心釋》云：「如是於此空性法，心於利他之事業，必生歡喜無庸疑。」以下將從仁波切在藏地、印度尼泊爾和別處的利生活動講起。

仁波切為頓悟者，不具道次第戲論，直接掌握大手印本身，也無特意觀修那若六法，然而在修持中，那若六法已皆包含在覺性中；當安住於本來覺性中時，業風自然停頓，是為拙火；因業風停頓，身如鏡中影像般顯現，是為幻身；雖有顯現，卻無實質，是為睡夢；明分不止，清清楚楚，是為光明；輪迴涅槃皆不成立，是為中有；不執一切能所地遷移，是為遷識；體性一如，然而各各不混，此亦為緣起，這即是大手印。

1987年，仁波切初啟利他弘法之門。正如至尊直貢巴所教授：「由平等住中可生一切功德。」仁波切是持守修

持尊勝幢者的名聲日漸傳開，很多從各地方拜見的人們，透過關房的孔門結法緣，仁波切僅傳授觀世音六字大明咒，他說：「我拜讀瑪尼十萬教言多次，沒有其他法勝於此法，況且，瑪尼易修，人人都能修持。」

對於來拜見的出家人，都只告誡：「要修持、要禪修。」常常說：「出家人不可做惡，你正在這樣做嗎？」

當出家人學會儀軌與酬補，並滿足於做一個經懺師時，仁波切對此表示極不歡喜，他常常說：「我年幼時貪圖佛事的飲食，曾做許多經懺，作時沒有具足前行、正行、結行三正等，這些在修持時造成很大的障礙，又經懺、降妖、施身、超薦、火供、趕鬼食子、遷識這些是證量甚高、心相合一的人才能做的，一般人就算做了，也只會傷害自他，沒有任何用處，能不趕經懺的話最好，就算是大修行人也會受害。」

出家人們只禁女色，不禁酒肉，有些人說這是誓言物，因而刻意飲酒吃肉等等犯了很多錯誤，愚弄自他。不僅如此，一般而言，教主於三藏四續中皆禁止吃肉，尤其直貢噶舉教主吉天頌恭宣說三戒一要宗義之後，於任何時刻任何場合都強調不可以吃肉，因而此珍貴傳承特別重視此潔淨金剛的傳規。

仁波切看到至尊怙主巴瓊仁波切一輩子持素，雖然自己過去非常喜好葷食，立志修行以後，即發誓並做到從此不再吃肉，對別人也開示吃肉的過患，且高興地說：沒有比青菜更好的食物了。信徒所捐獻的物品都立刻用於齋

竹旺仁波切的三個弟弟

僧、布施等清淨業，有時安坐著唱誦薩惹哈的《不作意道歌》，比如巴的道歌，帝洛巴的恆河大手印，而令眾多有緣者趣向佛法。

仁波切有時對某些來拜見的人大加斥責使其降服，有些人甚至不敢前來拜見；過去同在寺院的一些人，在文革鬥、批、改運動與破四舊時期，因為曾經毀謗仁波切，後來想起而來懺悔，仁波切曾這麼說：「他們又有什麼錯？我曾經造過很多罪，很吝嗇與貪心，如果我沒遇見上師仁波切，是一定完蛋了，過去某世中，曾經依止過具德上師，曾得過甚深介紹，但是修持沒達究竟，因此至今仍在輪回裏。」

有時仁波切以《了義上師供養儀軌‧加持之泉》宣說

薈供，酬補與懺悔亦以曲調吟誦自娛，上師圓寂時，仁波切供僧茶等圓滿意趣。

努巴仁波切貢覺丹增問仁波切：「您有入出定的分別嗎？」

仁波切說：「沒有入出定分別，我沒有修持次第。」

因此，每天拜見的人接連不斷，各地方來的人都有，無法一一盡述。

1990年決定與楊柳宮的堪布活佛們一同轉雪山，仁波切對貢覺佩傑說：「現在我有必須前往印度的授記，因此要去，不是去轉雪山。」

當竹旺仁波切要從直貢替寺前往印度的早晨，我（作者）去拜見了仁波切，那天仁波切早上一大早就到揚日修巴孩子這裡──所謂的揚日修巴孩子，是揚日噶寺附近的一戶稱做修巴人家的兒子，他就是現在尼泊爾仁欽林寺的拉桑仁波切。我在放羊的地方遇見仁波切，當時他帶著一尊密勒日巴的身像，我問：「您要走，帶著這個身像要做什麼？」

仁波切說：「我要獻給寺院，今天緣起非常好，要前往佛處，不可以只有油麵團（煮熟的麵粉團中摻入酥油、奶渣、紅糖的藏式食物）與涼飯（煮熟的米飯中混入水果、紅糖、酥油等等的藏式食物），必須要有人蔘果，今天我有煮人蔘果，你要帶著這些人蔘果。」

說著將人蔘果交給我後，我們出了直貢替寺來到山下，仁波切坐在山下的金剛總持法座時，把這些人蔘果送

給了當地人。又到拉薩時，在釋迦牟尼等身像前與直貢替寺的僧眾們一同做了油燈千供與上師供養法的薈供，並去拜見直貢瓊贊法王，對法王與我說：「由於巴瓊仁波切的恩惠，我掌握了解脫的不敗之地，並非要去轉雪山，此次之行是去利他。」

到了雪山之後，因為崗底斯山是由直貢噶舉派管理，所以在氐宿月十五日，於曬大佛的地方與僧眾們一同修法並囑咐事業等等，在轉山路上，為百姓多次說法，大家都說：「仁波切無論到哪裡，人群總是黑鴉鴉一片。……來自不同地方拜見的人超過五萬人。」這樣被傳說著。

被金剛總持迎請至直貢派的江札寺後，做了灑淨與開光，與貝桑比丘一起來到色瓦隆寺，朝拜授記窟，因為喜歡當地生長的蕁麻而以之為供養，仁波切說：「我去了印度之後不再回來了，因為授記了在那能利他。」

朝拜了崗底斯山圍的直貢十三金舍利之後，做了供養與發願，住在近侍禪修窟時，對貢覺雷丹說：「證量自在的祖師們加持了聖地，我們沒有這些自在，但是若具恭敬信解，聖地會加持我們。」

後來要回拉薩時，仁波切對安公仁波切說：「請允許我現在前往印度。」

安公仁波切說：「重建寺廟，就是為了能讓你們這些掌教的大德安住，但是你們卻像得了翅膀一樣，愛去哪就去哪，那就別蓋寺廟了。」

仁波切哭著說：「請您務必諒解。」

到雪山轉山是最殊勝神聖的事

　　有一個來自那曲的牧區瞎眼老人，他說：「請您打罰我。」

　　仁波切斥責他說：「我不懂該怎樣打罰，你這大壞蛋。」

　　他說：「我晚上都睡不著。」

　　仁波切說：「以前能睡是愚痴，你要愚痴嗎？去向雪山四方發願，去懺悔罪業。」

他說：「我沒做過人死馬翻的惡業。」

仁波切問：「以前你是窮人還是富人？」

回答：「是一個當官的。」

問：「你吃過多少肉？每年殺多少有情？欠了多少條命，你好好想想！」

隔天老人準備了一袋茶為伴手禮，回答仁波切說：「我過去常常去打獵。」並且做了深切的懺悔，眾人皆覺稀有。

所謂：

世間所做頑強執常心，

世間人智了悟其微小，

世間之法能使之羞愧，

世間怙主於頂修念恩。

里米風情

從雪山秘密出走

巴給貢覺諾布 撰

　　1990 年，直貢替寺很多僧眾一同前往雪山朝聖，當時來自西藏各地的轉山者都聚集在雪山前，人群之中傳聞，所有人都爭先拜見一位稱做「直貢成就者」的人，當時我就是其中一位拜見者。有一個直貢替寺僧人是這麼說的：「你們真是有福氣，像竹旺仁波切這樣的人，我們直貢地方的百姓也沒辦法見到。」

　　仁波切還沒來雪山之前，一直在祖寺直貢替寺閉關，因此沒有機會拜見，出關之後就來到雪山了。總之，當時在雪山前，有幾萬人聚集，仁波切對那些一路從直貢替寺轉山到來的人，賜予茶水飲食，給百姓們很大的幫助。當時我也打算去轉雪山，然後再前往印度，運氣好，碰巧竹旺仁波切與裘喇嘛等人也要去印度，因此我的母親請求仁波切帶著我一同上路，仁波切說：「確定要去的話，就一起走。」因此，仁波切從雪山到印度的這段事蹟，僅就我所見到所想到的予以敘述。

　　雪山江札寺的上師旺湯多傑，知道仁波切就在雪山前

里米風情

的帳棚裡之後，即去迎請仁波切前往江札寺，當時仁波切
說：「來到像這樣殊勝的聖地，不可以浪費時間。」因此
他要侍者貝瑪赤列、貢覺索南、嘉燦、還有我（即貢覺諾布）
四人，抽兩人輪流去轉山轉足十三次。藏曆五月十五日，
仁波切前去轉山，除了行李讓馬駄運之外，說了「絕對不
騎馬」，因此自始至終都沒上馬。

　　第一天住在通闊寺的禪修窟，它位於轉山道上，這
個岩窟是以前至尊密勒日巴與那若苯瓊兩人，比賽神通看
誰先到雪山頂時，密勒日巴住過的岩窟。仁波切直接登上
山頂，隔日早上，來到五百羅漢尸林場，在那唸誦祈願文
時，有一年約四十的男子帶著一具大體到來，請求仁波切
加持施予破瓦法，仁波切說：「對瑜伽士來說，緣起非常
好，這個大體是你的誰。」

　　回答：「是我的父親，到了八十二歲突然就過世

44 大成就者的加持

了。」

仁波切說：「你能背著大體送到這樣的尸林場，光是這點你就已經好好報答了父母之恩了。」於是做了破瓦法。就這樣花了四天轉山，並在雪山山脈滯留了一個月有餘，朝拜了經續和印藏成就聖者們所讚嘆的聖地。

前往勝者直貢派的殊勝聖地瑪旁雍措湖，在直貢的色瓦隆寺做了開光與加持，後來一個來自里米地方的仕紳，叫做索南，是一個謙遜的老人，以他為主，以及一些里米地方的人，為我們師徒一行人領路，半夜十二點就從色瓦隆寺出發前往里米。當時仁波切雖然已經六十八歲，但一路上我們根本趕不上他，我們看到的情況是，仁波切的腳在路上似觸非觸地，如飛一般地走，侍者們因為還帶著行李，所以非常累，無論他們怎麼請求仁波切走慢一點，仁波切都聽不進去，最後在中午仁波切突然跌倒，口中出了些許血，我們非常擔心地問：「仁波切，不要緊吧？」

仁波切說：「現在一點也不用擔心了，我們的障礙都平息了，現在可以慢慢走了。」之後開始慢慢走，我們都鬆了一口氣。

抵達里米後，才聽說仁波切跌倒的那天，早上十點左右政府官員來到色瓦隆寺找過我們師徒，僧人們說我們去轉湖了，就是那個時間，仁波切遭遇了障礙。這樣過了一天，我們在邊境住了一日夜，當時我們都睡在帳棚裡，但是仁波切晚上的時候也像白天一樣，身披大氅筆直坐著，不習慣睡覺。隔日一早我們越過了西藏與尼泊爾的交界，

竹旺仁波切逃到尼泊爾時，里米地方的功德主索南

到達里米的牧民棲息地。

　　一到那裡，所有牧民們帶著酥油、奶渣等見面禮請求拜見仁波切，仁波切慈悲地做了開示與加持等，隔日里米牧民們準備了一匹馬，但是仁波切說：「我身體這麼健康，如果為了自利而虐待有情的話，瑜伽士去印度跟不去

印度沒有差別。」這麼不同意地說著。我們將行李放上馬背，整天都往里米方向趕，當時由兩個寺院派出隆重的迎接隊伍來迎接我們到藏佩傑寺住下，該寺由於法尊吉天頌恭的心子，近侍直貢林巴（謝惹迴內）廣大事業之力的緣故，成為雅澤與宗朗國王的供養福田，從那時起，在這地方直貢噶舉派一直持續不衰地被眾人頂戴於頭頂，因此當年仁波切轉山時，里米的百姓也來了，仁波切的名聲他們很早就知道，我們在藏佩傑寺住了幾天之後，又被迎請到里米的瓦澤（wa rtse）與帝巴（til pa）兩個地方，我們先去了瓦澤寺，然後去了帝寺，在帝寺給予了三身灌頂口傳與教授，又請求出寺院去各地開光與加持，適時中午用餐時，突然下了場大雨，仁波切說：「這寺院有特別好的緣起。」顯得非常高興。

地方百姓們獻上喜宴的歌舞表演之後，收起了一開始供僧的茶，開始供酒，這時仁波切生氣了，他說：「僧人絕對禁止飲酒，吉天頌恭也引用律藏的話說：酒為一切過失的根本，連一滴草露之量亦不可飲。曾多次開示過酒的過患，你們一定要戒酒，不然我立刻就走。」這麼開示之後，僧人們紛紛懺悔並發誓：「從今以後一定戒酒。」

後來抵達瓦澤仁欽林寺，這個寺院是里米三區最初建立的主寺，僧人數量也非常多，且圓滿保留著古時的唐卡與法器，在瓦澤兩分寺傳授了三身教授與口傳，並對當地的僧眾與百姓開示戒酒戒肉之理，要求全部僧人不可飲

里米中心瓦澤仁欽林寺

酒。後來再回到藏佩傑寺，一如先前，要求寺院僧人們戒
酒，僧人們說：「如果洛桑師父戒酒的話，我們所有人就
戒酒。」當時洛桑正在猶豫要戒還是不戒，最後說：「決
定戒了。」仁波切因此非常高興，說：「從今天起，你們
完全不可飲酒，如果喝了，就會下地獄。」

　　因為快到藏佩傑寺唸誦甘珠爾的法會日期了，仁波切
要我們四位侍者也去唸甘珠爾，所以他自己來去各地，有
一天，仁波切從里米的地方官桑久家中的十二層台階上滑
倒墜地，肋骨斷了三根，很痛苦，後來就在那附近搭了一
個帳棚與棚子，讓仁波切住著，我們四位侍者輪流在旁服
侍。地方官聽說仁波切出了意外，表示要按習俗，在肋骨
斷的地方用灸與服藥，仁波切說：「我作為一個瑜伽士，

即使是死，也不在本尊身上使用世間的藥，這是我自己的業。」一點也不服藥用灸，仍如既往照常吃飯以及做修持，三個月以後身體就好多了。

　　由於在里米耽擱過久，有一天仁波切對我說：「你和裘喇嘛完全不用擔心得不到時輪金剛大灌頂，在灌頂之前，我們一定能到印度，如果不相信我，你們先走也可以，我有巴給貢覺諾布一個侍者就夠了。」這樣指了我。

　　後來尼泊爾的玉札仁波切知道仁波切生病的情形後，從尼泊爾寄藥過來，仁波切卻根本不服用，最後師徒們一共住了六個月，病稍微好點之後在藏曆的九月二十日，仁波切被放在犛牛背上接到祖朗瓦，再搭飛機抵達尼泊爾首都加德滿都，直貢玉札仁波切來迎接時，他的佛母請求仁波切沐浴洗髮，仁波切沒同意，說：「上師只教我清淨內心，沒教我清淨外在的身體，我的味道不會對別人有害。」

　　去朝拜了波達佛塔與猴子山，並發願眾生皆得安樂，在尼泊爾住了兩個月，後來直貢法王交代竹巴羅追，辦了能進機場的證件，因而從尼泊爾國際機場飛到印度德里國際機場，路上有朗千仁波切隨侍負責。在機場，法王與僧眾們特來迎接，彼此聊了好長一段話，所以就住在德里，並派一名僧人作為竹旺仁波切的侍者，前去瓦惹那斯接受時輪金剛大灌頂，仁波切的侍者們，由竹巴羅追開車從尼泊爾送到瓦拉那西。

竹旺仁波切初次拜見直貢澈贊法王貢覺丹增貢桑赤列倫珠

　　當達賴喇嘛尊者傳授時輪金剛灌頂時，仁波切自然會
與一些格西們坐一塊，仁波切看到他們在吸鼻煙，就指責
他們，格西們雖然感到不快，但最後他們還是認錯並表示
懺悔。

　　灌頂圓滿之後，首先來到印度的強久林寺，此為直貢
噶舉派的生命柱澈贊法王的住所，寺方迎接的隊伍在前方
排列，拜見法王時，仁波切將自己的生平事行一一稟告。
敏珠林寺赤千仁波切也來相見，他問：「請問你是誰？」
仁波切說：「是不曾降臨的世間燈。」

　　赤千仁波切說：「一切怙主尊前我頂禮。」之後將頭
置於竹旺仁波切懷中，並以哈達束髮。

　　竹旺仁波切說：「這次我以色身行利他，這也是我最
後一世。」彼此非常和睦。

藏曆十二月來到達蘭薩拉，聽受達賴喇嘛尊者講法，並遠遠瞻仰，後來受乃瓊札倉之請留在札倉時，尊者傳來旨意：「要直貢成就者現在來見。」因此在寢殿見了尊者並交談。仁波切說：「以前我在直貢替寺時，這種國王住所與東西我經常見到。」又大致做了一下覺受與證量的供養。達賴喇嘛尊者非常歡喜，說：「你是一個過去已經累積諸多資糧的瑜伽士。」

　　仁波切表示想到印度各大聖地朝聖，達賴喇嘛尊者說：「朝聖完之後，請再回到這裡，住處會由秘書安排。」

　　新來的人們向乃瓊請求達賴喇嘛尊者長壽時，乃瓊護法說：「直貢成就者是被授記的大瑜伽士，尊者的長壽修持是被指派給他的，還要修阿企護法。」因為有如此清楚的指示，由達賴喇嘛尊者的秘書室準備一個修法房，達賴喇嘛尊者說：「應該住在那裡。」

　　1991年來到強久林寺，住了三個月，又再到乃瓊那裡修長壽法，後來前去帝洛巴禪修洞，在鄰近河流旁邊的岩窟中七天斷食入定，仁波切說：「過去在直貢替寺東面的多隆地方得到三張散落的經文，其意義上的教言，從帝洛巴禪修洞領悟了。」

　　在該處，令阿尼們建立瑪尼的修持，之後去拜見達賴喇嘛尊者，將自己在西藏修持的情形，開悟的情形，至尊上師巴瓊仁波切的生平等等，委委地告訴了達賴喇嘛尊

達賴喇嘛尊者1992年參加強久林寺落成典禮時，被迎請到桑滇林閉關中心

者，達賴喇嘛尊者說：「現在西藏厲害的人有誰？」

仁波切說：「有成就自在丹增尼瑪尊者。」

達賴喇嘛尊者非常歡喜，說：「你就是成就自在的仁波切（竹旺仁波切）。」因此，從今以後，在各地方都以竹旺仁波切之稱著名。

1992年的新年，直貢二位法王在強久林寺相聚，仁波切做了吉祥的緣起，之後又完整聽受猴年法會的教言，達賴喇嘛尊者來到強久林寺時，對仁波切說：「你除了修行之外，如果還能到庫努、卡夏必達等等那些信佛卻不懂佛法的邊境的話，對眾生有很大利益。」仁波切答應之後，到卡夏朝拜聖者觀世音身像並做發願，又回到時輪灌頂之處利益眾生，後來去到庫努，看到那裡有傳說是大譯師仁欽桑布所建的瑪尼大轉經輪，但是門鎖著沒有人轉，仁波切感到非常訝異，開門的時候，見到供杯面朝下蓋著，心中異常悲傷而落淚，說：「你們只是假裝自己是佛教徒而

已。」

當時瑪尼大轉經輪自己轉動了起來，周圍著人們都生起了非常大的信心並頂禮。

在要求大眾唸誦瑪尼行善等等的時候，有一女子問：「我們家的運氣很差，這是為什麼？」

仁波切說：「你們在父母沒死之前就做火化，這個習俗特別壞，應該要為了報答父母恩而拜佛供佛，而且要做懺悔。」那女子表示母親確實在還沒斷氣之前就火化了。

1993年一月十四與十五日白天，強久林寺講授噶舉道歌海時，竹旺仁波切不僅到了大殿，並且對祖師們因為敬信而屢屢流淚，並對大眾說：「大家要重視遵守誓言，要尊重堪布與上師，我不但是一個輪迴的有情，更是曾經沾

1992年兩位法王與上師活佛們相聚合影

與德拉敦竹巴噶舉的成就者噶仁波切合影

染了過失，但是因為噶舉上師眾的悲心，以及自己苦行修持，因此今生是最後的輪迴，再不用受生了，這個禪帽是直貢巴吉天頌恭在緣起上得自在，具有大加持力的帽子，這些帽摺代表千佛，帽子的兩耳代表深見與廣行，若將禪帽戴在頭頂，必可即刻成佛。」

又說：「對帽子要恭敬，隨意對待的話，一定會造下沒有意義的惡業。」

還說：「金剛持的地方是法界，這是我的上師巴瓊仁波切曾說的。」

在桑滇林關房中與京俄仁波切及曲澤仁波切合影

企美仁波切與阿千仁波切合影

素有小西藏之稱的拉達克

在拉達克顯神通

堪布貢覺札西 撰

　　因「雷」地方的道燈學會殷切請求舉辦瑪尼億遍法會，1994 年一月五日白天，竹旺貢覺諾布仁波切抵達拉達克「雷」這個地方弘法，住在東滇仁波切寢宮時，「直貢成就者至尊竹旺仁波切蒞臨」的消息逕自傳開，許多百姓皆前來拜見。在拉達克有很多裝神弄鬼的人，對於那些人，仁波切以斥責打罵等強烈現行（譯註：或說爲誅法）予以斷除並令發誓。

　　七日白天，道燈學會爲舉辦瑪尼法會，在雷寺釋尊殿以深廣的金鬘迎請竹旺仁波切等眾，企昂寺院的僧眾做爲侍者，開始進行瑪尼法會，竹旺仁波切將謁見者所獻一切供養，都用來供養寺院僧人，讓他們用在行善上，因爲自身不留一絲財物的緣故，其名聲爲大眾所稱揚。

　　這次瑪尼億遍法會，因爲參與弟子非常多的緣故，僅三天就完成了一億遍，雖然如此，法會還是完整修持了七天，持誦瑪尼之時，有很多僧俗大眾也同時持守八關齋戒。竹旺仁波切還要求大眾要孝敬父母、唸誦皈依文，竹

直貢噶舉派拉達克岡溫札西曲宗（企昂寺）

旺仁波切來到人群之中，恰巧有一些不知道皈依的人站起身來，竹旺仁波切問：「會不會唸皈依文？」他們頓生羞愧，因此竹旺仁波切要求一切大眾不分男女老幼，都必須非常精進做皈依。

瑪尼法會圓滿完畢之後，總共獲得十萬印度盧比的捐款，竹旺仁波切將這筆捐款獻給雷寺院，做為每年做祈願法會的資金，其餘一切錢財亦無所保留，不分教派地布施給各方前來的僧人，並將覺巴・吉天頌恭的教言獻給僧眾，此舉令噶舉、格魯、薩迦、寧瑪等各派僧人生起堅定的信心。佛教的功德主們更是充滿信心，紛紛獻上一切所有，並遵從開示而行。

平常竹旺仁波切都嚴格要求吃素，因而有大多數人發誓吃素，不僅如此，穆斯林肉販也發誓每月十五、三十、

十八三天不賣肉，如是等等順應機緣而定下的賢善戒律不勝枚舉。

之後來到企昂寺院，為了祈求直貢法王長久住世，竹旺仁波切修持勝義殊勝長壽法，一連七天滴水不沾，僅以禪悅為食做閉關修持，閉關結束之後，當地各戶人家紛紛迎請竹旺仁波切到家中，皆獲得允諾，只有其中一兩戶人家竹旺仁波切沒去。

企昂寺的美美嘉措曾聽到這樣的事情：在道燈學會舉辦的法尼瑪會完畢之後，竹旺仁波切說要在企昂寺住上三天。有一天早晨，竹旺仁波切對倫竹多傑提議要繞寺院，竹旺仁波切說：「我們兩個比賽，看誰比較快。」話一說完，就很快出門了，不管倫竹多傑多麼努力追趕，仍追不上仁波切，倫竹多傑說：那時候仁波切的腳根本沒在地上，一直相距一段距離而繞了三圈。

之後為了在瓦達舉行瑪尼法會而停留了十天，那時，竹旺仁波切常與瓦達的十一面觀音像談話，大眾都傳著十一面觀音開口說話了。在晚上要就寢時，竹旺仁波切總會跟美美嘉措說：「今晚你睡這裡。」雖然說了幾次，但是美美嘉措沒留下，最後竹旺仁波切自己也不睡在那裡，去與倫竹多傑一同睡在別室，到了半夜，竹旺仁波切用手比畫提示倫竹多傑的房門是開著，要他起身關門，這樣的情形有三天。

瓦達當地有個地方官，他在卡澤有一親戚往生，迎

請竹旺仁波切去一趟，竹旺仁波切抵達之後，說：「我先去擺放大體的地方。」表示要先到靈堂唸經。來到大體前，對著大體開示死亡、破瓦祈請、阿彌陀佛觀修法等等法要，並解下大體衣服，對著眼耳鼻等孔竅唸咒吹氣，並令大體起身，給予心性介紹、宣說多種證道歌，引導至解脫道。竹旺仁波切看見大體枕頭旁，有盛滿的酒碗，責問說：「這是誰做的，把做這事的人帶過來！」之後當面斥責，屢屢給予是非取捨的教示，並令發誓不可飲酒吃肉而遮蔽其投生惡趣之門，抓住解脫之端。

在該地方利他圓滿後，竹旺仁波切一行人再次回到了企昂，在當地又做了爲期幾天的瑪尼法會，當時亦指示大眾必須斷食酒肉，並宣說酒肉的過患，與會發誓戒酒肉者超過二百餘人。

有一晚於光明境中，竹旺仁波切在直貢替的禪室屋頂上拜見第十五代法王貢噶仁欽，並看到大手印各種口訣。清晨時將這事告訴了美美嘉措，美美嘉措說：「寺廟里有貢噶仁欽的文集。」

竹旺仁波切說：「既然這樣，把經書帶過來看一下。」接到書時，竹旺仁波切將經書置於頭頂，做完多次發願後，要美美嘉措代爲唸誦三十多頁的內容。

又一次於光明境中，竹旺仁波切看到銅製琉金的釋迦车尼佛像面容發黑，清晨告訴美美嘉措，美美嘉措說：

在拉達克雷地方共修瑪尼

「倒是有這樣一尊佛像。」來到放佛像的地方後，竹旺仁
波切說：以前我在阿里也見過一次這佛像。因而自己出了
七千元，為佛像面部琉金，並做千燈供養，並由企昂寺的
僧眾迎請佛像與開光。當時有一名赤色寺的僧人前來，竹
旺仁波切對他說：以後要由你負責為佛像的面部琉金。隔
年，那名僧人也獻上黃金，並由企昂寺的僧眾迎請開光。

之後竹旺仁波切安排一位名叫「謝卻登巴」的在家居士，做為主要功德主，於每年藏曆三月三十日那一日做千供，至今都還一直延續著，由施主每年做供養。

竹旺仁波切前來企昂寺舉行瑪尼法會共計三年，白天為人說法，夜晚為非人說法，舉行瑪尼法會時，或五天，或七天以禪悅為食，不進食，滴水不沾，大眾皆非常驚訝而生起信心，因而能令大眾遮蔽墮入惡趣之門，安置於解脫之道。

在企昂寺舉辦瑪尼法會時，吉堅地方有兩座寺廟想迎請竹旺仁波切去傳法，仁波切說：你們如果舉辦瑪尼法會我就去，不然就不去。因此大家決定舉辦瑪尼法會。企昂寺瑪尼法會一結束，竹旺仁波切左右偕同功德主立刻到了吉堅。在吉堅舉行瑪尼法會時，準備了很豐盛的薈供，如此深廣的薈供令竹旺仁波切非常歡喜，仁波切問僧眾：「有沒有晚上持誦瑪尼，白天作發願？」因為寺院沒有要求，所以沒有唸誦。竹旺仁波切說：「既然這樣，我不該留在這裡，該回去了。」說著說著正要走時，僧眾與當地一切參加瑪尼法會大眾紛紛頂禮、祈請。就在法會即將解散時，地方人士與比丘、居士稟告竹旺仁波切說：「我們有唸誦普賢行願文。」竹旺仁波切聽了非常歡喜，而說：「這樣的話，我該留下。」又回到法座上坐下，並將大眾所獻供養給予僧伽，要求唸誦普賢行願文。之後又趕到多卡多與大吉等地，所到之處，皆讓當地捨棄不善，當地人

沒有不起誓言，令大多數人走向解脫之路。

　　之後應拉達克法尊東滇仁波切祈請舉行金剛薩埵億遍法會，因此竹旺仁波切來到薩普多鄔堅多傑曲宗，舉辦了金剛薩埵億遍法會，在散會時，有一個發瘋的女子裸體前來拜見竹旺仁波切，當時竹旺仁波切很溫柔的對她說：「你不要再這樣發瘋了啊。」該名女子因此瘋病好多了，能做供燈與獻功德水等事。

　　有一天齋僧，要供茶、供食，還要每人發放五十元，前一天晚上討論時，大家跟竹旺仁波切說：大約還缺了一百張五十元。竹旺仁波切說：「你們等一下，我早知道了。之前有一個藏人，獻給我一整束五十元印度錢。」有這樣稀有的事蹟。

　　又有一日，有一婦人請仁波切卜卦，她說：「我們想蓋新房，可不可以蓋？」

　　竹旺仁波切說：「喔，不可以蓋房子，蓋了一層，又蓋了一層，蓋了兩三層房子還不滿足，現在還要蓋，幹什麼？我說，這蓋房子的地點，是個寶地，有很多水寶藏，掘地翻石的時候，有這個那個……。（指出當時很多徵象）此房子的情形是不是這樣？」那婦人回答說：「是的」。大眾皆非常訝異，竹旺仁波切有無礙神通的名聲因此更加廣播了。

　　又某一日，有一男一女前來拜見，女子說她晚上一點

也睡不著。

竹旺仁波切說：「男子，你是女子的什麼人？」

回答：「我是她的丈夫。」

竹旺仁波切說：「這女子是即使有九個丈夫也不會滿足的，你這丈夫一晚上只有一次哪夠，要唸瑪尼，睡覺時不要想不該想的。」

竹旺仁波切有無礙他心通的說法因此傳得更廣了。

又有一日，竹千法王來了，持誦金剛薩埵的大眾都去迎接，竹旺仁波切也去迎接，走到大殿門口時，看見人很多，倫竹多傑便牽著竹旺仁波切的手，竹千法王駕臨時，太過擁擠的緣故，竹旺仁波切的手與倫竹多傑的手脫開了，消失在人群中，後來才發現仁波切已經自己回到了寢室。若沒有神足通，人如何能從如此擁擠的人群中脫身？

哪怕死鬼與活鬼僅聞竹旺仁波切之名，即自我平息，不敢來到仁波切尊前，如是等等事蹟不及備述。

因為竹旺仁波切在瑪尼與金剛薩埵法會給予了無數的法義、指示、以及唱誦道歌，而令大家生起信心，關閉了惡趣之門，最終可圓滿道地斷證功德，成就如來果位。

在完成了金剛薩埵法會之後，在回程轉車處，有藏民聚居點，竹旺仁波切也去了幾戶人家，給予正法甘露，以令眾人滿足。

之後拉達克北方平原氣候變冷時，為了要舉辦瑪尼法會，先前已經申請的人們來迎接仁波切，仁波切要我做侍者，因此我就一同去了。還沒到達之前，有一天，竹旺仁波切不斷說前面有一座非常高的大山，踏進北方大山的山頭時，竹旺仁波切說：「就是這座山。」翻過山後，看見有土布地方的車隊等等。以地方神祇札拉旺秋（譯註：應該是降神者）為主的信眾一同前來迎接，然而因為風雪太大，唯有一部份小車來到山口。札拉旺秋報告仁波切說：「因為該處的地方神祇嫉妒與生氣的緣故，很多汽車墜崖，造成多人死亡，請求竹旺仁波切給予教誡，並令起誓。」竹旺仁波切便在山頭上下來回走動，做出給予皈依與詳細教導的動作，就像對著人指示一般，但是我們一無所見。

　　之後下到沒有雪的平地，札拉旺秋為主的眾多當地鄉人前來迎接，致使汽車無法前行，札拉旺秋獻哈達前來拜見，東滇仁波切介紹說：「這是當地的神祇。」

　　竹旺仁波切說：「好的，好的，是不是神祇我自己知道。」說著就往外走。

　　坐在椅子上喝口茶後，對札拉旺秋說：「你若是地方神祇，那就說說西藏究竟是怎麼一回事。」

　　札拉旺秋流下汗，待在一側說：「因為西藏獨立領袖達賴喇嘛尊者的發心與願力，未來西藏是和平安樂的，瑜伽士你於外除外障，於內除內障，於秘密除秘密障，而坐在這聽我說話，現在守護弟子的時機已到，我於過去蓮花生大士調伏一切神鬼時，得到蓮師的授記：未來你與成就

仁波切在拉達克企昂寺

者、證士三人相會之時，就是守護佛教的時刻。成就者是你竹旺仁波切，證士是東滇仁波切，現在就是守護佛教的時刻，請答應讓我作為成就者你的空行，請立刻前往我的宮殿。」說完之後，出現了流淚、身體起雞皮疙瘩、渾身抽抖等現象。

竹旺仁波切只是說：「好、好，做不做空行我看著辦。」

東滇仁波切說：「這個神祇過去在直貢法王席衛洛追在世時，曾獻上黃金金剛杵，做為直貢的聖物。」

竹旺仁波切開玩笑說：「你獻給法王黃金的金剛杵，那應該給我白銀的金剛杵。」

他說：「你要黃金的要白銀的都行，到宮殿時將獻上。」

喝完茶後大家便一同前往札拉旺秋的宮殿塔森噶摩，該處有一群迎接者在等候，竹旺仁波切喝完茶後，對地方

神札拉旺秋說了五支證道歌，使他流淚深受感動而生起無比信心，說道歌時，竹旺仁波切座位附近放出白色光芒，直逼前方的岩山，我雖看到了，卻沒對任何人說，之後又再次放光，竹旺仁波切問東滇仁波切：「在哪裡？」

第三次放光後，竹旺仁波切對東滇仁波切說：「喔，在那兒，在那兒。」東滇仁波切也看到了，竹旺仁波切說：「這事情不要跟別人提。」

在岩山中央，有一塊類似雲的陰影一般四方形黑色之物，我也看到了，便問東滇仁波切：「我怎麼看天空都沒看到雲，真不知道怎麼會這樣。」

之後回到了土布，面對迎接者給予諸多開示。接著又到章澤，僧眾以儀仗迎請竹旺仁波切至吉天頌恭身像前，竹旺仁波切說：「在其之後，有無量無數證悟者出生。」

後來，到僅由二十二名藏兵所共同興建的小寺廟裡，美美策登等人為功德主，舉辦了瑪尼法會，大約是第三天的時候，札拉旺秋前來獻曼達與身語意所依，並對大眾說：「上師是大成就者，他昨日到塔森噶摩後，開啓了該地的大門，你們若要前往，札拉旺秋會在門口帶著哈達來迎接，那裡有竹旺仁波切的天然身像，以及很多可參觀之物。」如此對大眾宣傳了一番，所謂大門，應該就是指上次去時，路邊山岩上顯現出的那塊雲的陰影。

有一日，有一人來到竹旺仁波切尊前說：「我被神靈附身。」請求仁波切為他驅趕。

在拉達克辦瑪尼法會時，突然下雨，大家都去
避雨，仁波切坐在雨中繼續唸瑪尼

　　竹旺仁波切毫不客氣地取下鞋子敲著那人的頭，唸
誦：「以佛的眞諦力，嗯，以法的眞諦力，嗯，以僧的眞
諦力。」一連敲了三次，沒做其他任何事，附身的神靈即
退去了。

　　竹旺仁波切指示大眾要做八關齋戒，因此約有二百餘

人一同做八關齋戒，因此多人得到八關齋的戒律，在諮詢了美美囊追的意見後，委任他為八關齋戒的專門上師，並成立基金，於夏冬兩季各舉辦一次八關齋戒。

有一日，竹旺仁波切在房內對非人說法，正好說到一段落，那時我從門外也聽到聲音，正入門時，僅聽到「總之三門行善，不住於惡，如此安放自心」，而終止了一段開示。

某日，第 22 軍營的軍人迎請竹旺仁波切前往軍營，因而來到了邦貢措，做完煙淨後唱道歌，從宮殿流下的左右兩條泉水，中央有處沙灘，在沙灘上有很多鳥類與野雁聚在一處，竹旺仁波切身體做頂禮的姿勢，低著頭宣說著有關形容天女舞蹈的道歌，那時鳥群全部都安安靜靜地聽法，道歌一結束，野雁群裡有一隻野雁朝著西藏的方向飛去，其他野雁就消失了，我針對這事請教竹旺仁波切，仁波切說：「緣起很好，你們只看到這些，我不只看到這些，還看到很多現象。」

之後回到章澤，舉行瑪尼法會時，竹旺仁波切像考試一樣地問大眾：「知道皈依嗎？」有些年輕男女因為想學皈依的緣故，紛紛向竹旺仁波切求皈依。瑪尼法會舉行了十七天之後，竹旺仁波切回到了章澤吉天頌恭身像前，駐留了一日，並做無數供燈與發願，章澤的吉天頌恭身像，是吉天頌恭的親摯弟子謝惹迴內，在興建了崩間金寺後，作為大殿內的主佛像，之後被迎請到章澤，曾經遇到火

災，身像內的陀羅尼咒裝藏雖然被燒毀，但是身像沒有任何損失，因此有「吉天頌恭剋火像」之名，是具有加持而能作為依怙的身像。

之後在查如停留一晚後，來到了夏庫寺並停留一日，竹旺仁波切授記說：夏庫寺將來會很興旺。因為寺廟的主要護法是孜瑪，祂早晨的時候手持著白色的鼓前來，因此這樣授記。

白天仁波切為一尊寺院共通護法孜瑪的身像做迎請、安神、開光等佛事，眾人皆看到護法身像的面容更加紅豔，更加莊嚴。竹旺仁波切對僧眾與居民給予詳細的取捨開示，又在一戶帶有業障的藏民家中喝茶，並詳細給予取捨開示。

在路上有迎接者來奉茶，該處的草地與湖泊很舒適，因此竹旺仁波切便停下喝茶，那時候第22軍營裡，有一名管理寺院的僧人問竹旺仁波切：「仁波切，這裡的草地與湖泊舒適嗎？」

仁波切說：「舒服、舒服，是一個血染的湖泊。」

後來問了當地鄉里的老人，才知道以前拉達克王與西藏打仗時，戰況激烈，很多人死在這裡。

來到噶將時，當地人說當地發生很多打鬥，因此有鬼魅做亂，竹旺仁波切指示應該修持億遍金剛薩埵。於是便開始準備法會，竹旺仁波切手指後山說：「就在這裡，就在這裡，晚上即召集大眾大聲唸誦金剛薩埵。」

因為地方小，人口稀少的緣故，金剛薩埵只唸誦了三千萬遍，竹旺仁波切指示美美囊追往後持續帶領大眾唸誦，在往後春夏秋冬配合空閒時間舉行金剛薩埵法會時，散會後總有人在人群中看到竹旺仁波切來回穿梭，對一二弟子做指示，大眾皆感非常訝異。

　　之後雖有人請竹旺仁波切到曲修地方，但是因為時間不夠的緣故，無法前往，因此在做金剛薩埵法會時，也一一讓曲修地方的人與仁波切見面。竹旺仁波切說：「這地方後山有很多鬼魅。」多次手指著那個方向，晚上令大眾大聲唸誦金剛薩埵。

　　因為當地人愛喝很多酒，造成打鬥，竹旺仁波切要求大家要戒酒肉，大眾皆發誓遵守。

　　因為人少的緣故，十天修持了三千萬遍，大眾承諾以後會慢慢圓滿一億遍，以上師囊追為領誦師舉行金剛薩埵法會時，有時大家同時看到竹旺仁波切在山中坐在法座上，有時大家同時看到竹旺仁波切在人群中來去行走，在那時候，竹旺仁波切或在印度或在國外，一身同時顯現在各地，令大眾非常驚訝而生起信心，也因此，一億遍的金剛薩埵修誦，在一年之內就完成了。

　　十天過後，山谷的居民迎請竹旺仁波切去做金剛薩埵法會，因而前往格惹。法會開始後，竹旺仁波切在曲瑪塘住了一晚，要求當地的僧俗戒酒戒肉，很多人都發誓遵守，並要求已還俗的尼眾做懺悔。被迎請到基芒時，依照個人根器，給予息增懷誅等相應的指示，令大眾捨棄造

惡，安置於行善的道上。

　　拉達克的弘法事業即將結束之際，噶瑪巴大寶法王在傳時輪金剛灌頂時來到拉達克，第四天降下豪雨，發生河水倒灌，房子附近的河流即將淹入房中，我們請竹旺仁波切盡快離開屋內，竹旺仁波切做了些發願，河床的土石便產生塌陷，水流沒入山腹之中，因而沒有造成任何損失。

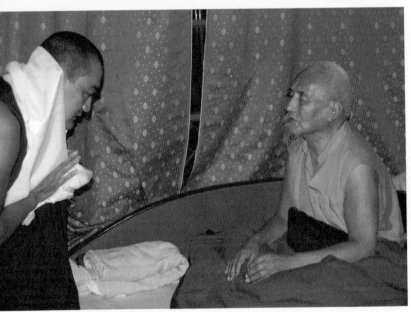

會見乃瓊僧人吐丹次仁喇嘛

無法用常理推度的教導

巴給貢覺諾布 撰

　　1994 年，尼泊爾欽哲寺，貝諾法王傳大寶伏藏灌頂，竹旺仁波切也前去求取，當時的侍者是達瓦與乃瓊寺的僧人吐丹次仁他們兩人，住在里米人邊巴家中，灌頂期間，仁波切每天早上三點到欽哲寺供千燈，要在灌頂還沒開始之前供完，有一次仁波切忘記給供燈的費用，在人群中對二位侍者硬說有給，說：「你們兩個真無恥，竟然騙我這麼一個老人家，還敢私吞人們供養的錢，這是寺財，我都不敢貪，而拿來供燈。」不僅不停指責，還在人群中公開斥責說：「我這兩個侍者是小偷。」兩位侍者也不能說什麼。

　　最後大寶伏藏灌頂結束時，仁波切對兩位侍者說：「我誣賴了你們兩個，對不起，要知道，我會這麼說你們兩個，是對你們好，不是要害你們，不明白也沒關係，也後就會慢慢知道了。」

　　灌頂期間，一些弟子們供養了五千印度盧比，仁波切說：「這些錢，交給功德主索南，由他獻給強久林寺。」當著侍者和我們所有人的面，把錢交給了他。幾天後仁波

在尼泊爾做完三身法會後觀看林舞

切說要供燈，取了二千五百元供燈，最後在去印度之前，要取出剩下的錢時，只剩下二千五百元，因此仁波切說：「都沒錢了。」又不斷地斥責。我們三位侍者將錢怎樣花在供燈、怎樣交給索南、剩下有多少如實地報告，仁波切卻說：「就算你們把嘴都說破了，還是在騙我。」還是不斷地指責我們。

又說：「功德主索南什麼也沒拿，我們爲了累積福德，一定要把錢用在獻供上。」最後把剩錢交給仁波切時，仁波切說：「我的這些錢都是新的而且都一個樣，這是某人供養的吧，我不是要你把自己的錢交上來，而是把別人供養我的錢交上來就可以了。」又這麼指責我們，就像瑪爾巴指責密勒日巴一樣，多次藉著人們供養的錢財指責侍者，似乎有意提醒我們對於寺財要特別謹慎注意，不

可浪費的意思。

1994 年，努巴仁波切與尊追僧格等人，在尼泊爾進行整理仁增曲札文集的工作，竹旺仁波切指示出版文集這項工作非常重要，並安排了特別的功德主，為工作人員提供飲食、齋僧，且屢屢發願此項工作圓滿完成。

1995 年，噶瑪噶舉派的上師丹貝嘉燦，在波達佛塔附近興建的竹千寺落成，迎請竹旺仁波切主持法身阿彌陀佛、報身觀世音、化身蓮花生三尊陀羅尼咒億遍修持法會，因仁波切慈悲蒞臨，使得億遍修持法會圓滿完成，又因與會大眾的虔誠祈求，給予了吉天頌恭離戲破瓦法的口傳，法會圓滿時，還舉辦跳林舞等吉祥喜宴，這不僅開啟了仁波切在全世界各地以瑪尼利益眾生之始，同時尼香地方的人也生起信心而迎請仁波切到尼香。

1995 年，尼香的功德主曲吉與噶瑪為了請仁波切給尼香的老人們開示與加持，買了加德滿都到尼香的直飛機票，一到尼香，功德主們準備了馬匹，但是仁波切說：「我是一個瑜伽士，就算不能利益有情，也絕對不能傷害他們，不管是遠是近，都走路過去。」因此從機場一路走到稱為「瑪囊」的地方，那時各個居民們唱著瑪尼調前來迎接，準備得非常盛大。

尼香這地方，是過去吐蕃贊普的宗室最終被驅趕到這

尼香功德主曲吉與噶瑪兩人迎接仁波切來尼香機場

裡，而成為當地的居民，後來至尊密勒日巴到這裡之後，
加持了這片土地，從此就成為噶舉派發展的主要地方，也
是藏傳佛教弟子必然朝聖之地，當地百姓對佛法也非常崇
信，譬如到處都有放生的牛群，就算牠們吃了莊稼，人們
也不去傷害牠們，有些人家還將自家大部分的牲畜放生，
如是等等表示這裡是一個非常信仰佛法的地方。

　　仁波切在瑪囊地方住了一日，在密勒日巴與獵人貢
波多傑相遇，名叫「古大」的地方，從札噶村出發大概要
六七小時，位在山上，我們師徒一行人走路上山，一到該

獵人貢波多傑的「弓」

地，看到當地有一泉水，仁波切說：「來到像這樣殊勝的瑜伽士聖地，緣起不錯。」仁波切取用泉水，並對泉水獻上哈達之後，走沒多遠，來到一座寺院，看到門口有個瑪尼大轉經輪，不禁流下眼淚並做了很長的發願，同時又慈悲地對在場的弟子功德主們開示：「來到聖地，不應該浪費時間。」等等。他們都說：「從以前到現在，曾拜見過很多正等的上師，但是卻沒見過像竹旺仁波切一樣這樣高壽卻不騎馬去朝聖的。」因此充滿了法喜與信心。

朝聖的當晚，雖然給仁波切在寺中特別準備了一個房

在古大聖地給百姓開示

間，但是仁波切不去住，在寺院附近有一個密勒日巴的禪修洞，仁波切在那裡做了七日閉關，期間不進一口食物，不喝一滴水，據說在那裡有個弓，是當初密勒日巴令獵人貢波多傑進入正法時，獵人留下的弓，位在沒有林木，草石交錯積雪旁邊的岩縫內，那是任誰也取不出的岩縫，作為生起信心的所依，供人觀看。山腳下有個據說是獵人的家，裡面長出一棵大柏樹，如今房子已經全塌，但是殘跡仍然可見。

　　仁波切閉關的第三天，來自尼香，需走三天路程的地方百姓五十多人來拜見仁波切，他們沒有攜帶長途旅行的食物，因此請求在第四天能拜見仁波切，這事不可不請示仁波切，仁波切說：「理當如此，我雖常在修行，但是正所謂『即便證量等同虛空，亦要隨順人群』，他們真可

憐，你們準備一個大一點的地方。」這麼吩咐以後，我們在閉關洞附近的一個草原鋪上坐墊，便請仁波切前去，因為人們已經先準備好了薈供的供品，因此首先以直貢派的上師供養儀軌修薈供，之後讓百姓們拜見仁波切，在那時給予開示，仁波切問：「今天瑜伽士來到這裡，你們來這拜見，之中你們誰承諾吃素的，來到我面前。」有十多人來到仁波切前方，仁波切為他們特別做了加持與發願；又問：「承諾每個月唸誦兩萬遍瑪尼的人有嗎？有的話過來。」大多數的老人們都承諾了，為此仁波切非常高興，特別說了首道歌：

> 字字瑪尼比馬好，
> 人若騎馬猶無路；
> 字字瑪尼比牛好，
> 人若趕牛亦無路。

　　等等不斷開示死時財富受用萬般帶不走，唯能帶走今生所造善惡二種業之理。

　　之後仁波切又回閉關洞閉關，總共在該處住了十天，又前往瑪囊村的一座寺院，在那裡，有百餘人以盛大儀仗迎接仁波切的到來，仁波切在那主要教導寺中的上師如何為往生者做破瓦法，對百姓開示皈依與因果業力，死亡無常為如何等等講授與問答，總之，當日和人們一同累積瑪尼，以及問答等等，使得大眾皆感歡喜，如是在尼香完成

仁波切在尼香寺

部分法會之後，走路去洛地方的百八泉水，在路上，尼香牧區的一戶人家供養仁波切酥油與奶渣等，並表示要將家中的一切牛畜放生，請仁波切做發願，仁波切非常歡喜，做了很詳細的開示與發願，以後不論去拉達克哪些地方，都不斷地對弟子們說要這樣珍惜自己的家畜。

之後在尼香下方的一個賓館住了一晚，當時一是要清晨就出發，二是高原天氣很冷，因此功德主請求仁波切騎馬，不然可能會很辛苦，還說了過去澤企嘉瓦與尼泊爾人共十餘名，遇到各種逆緣而喪命之事，所以請求騎馬。仁波切說：「我瑜伽士自立自主，不會喪失立場，我絕對不騎馬。」

功德主只好請求說：「那仁波切我們兩早上早點出發。」

在尼香寺給百姓開示

　　到了山腰時，功德主等人準備了一匹馬趕上我們，之後我們一同走了一段路後稍事休息，那時仁波切說：「你們要騎馬就騎，世間人什麼也不懂，虐待有情有什麼用，自己騎著自己的爸媽，還說要消除疲勞。走快點，把馬送到草場不是更好？」等等給予了開示，讓其餘所有弟子們先走。

　　功德主薩措二人雖然比較胖，年紀又大，但是因為仁波切是徒步，他們兩人也只能走路去，之後到達山頂時，因為雪水與風，不僅使衣服大多處濕透，仁波切的頭髮也不停的滴水，我右手撐傘，左手攙扶著仁波切的手走，因為天氣太冷，撐傘的右手大概是因為凍著了，已經僵硬得難以使喚，攙扶仁波切的手卻感覺像在烈火之中，必須時時交換兩手服侍，仁波切說：「在暴風裡為何還貪著輪迴呢？貪著等等一切過失的根本在於我執，願加持眾生平息我執。」這三句話不斷地邊走邊重複地宣說。

在尼香時，功德主曲吉與侍者陪同仁波切爬山

　　大約走了三四個小時以後，看到功德主們在山頂上等候，山等上的風雨非常大，天氣非常冷，大家都凍著了，苦不堪言，仁波切要我們兩將印度帶來的風馬旗插在山頂上的旗孔中，並把以前作皈依與發願時累積的信眾名片燒掉，我們兩先插好風馬旗，之後用香升火時，因為手都凍僵的緣故，用了大約兩盒火柴才把火升好，當熱氣朝面而來，頃刻之間的熱氣讓我們兩感覺像似跳入火堆般的舒服。仁波切從頭頂與身中冒出熱氣的同時，一邊廣大發願達賴喇嘛尊者百劫住世，儘速消除西藏逆緣，大約做了半個小時。當天從早上五點到晚上八點仁波切一直在走路，卻一點也不疲憊，而我們有的或騎馬，有的或累到跟不上了。

　　完成了在洛地方的朝聖之旅後，又走了一整天才到洛

地方的機場，坐飛機去尼泊爾的首都加德滿都，再回到印度的強久林寺。

　　1996年的八月二十一日，對著要去阿拉摩拉閉關的行者們開示取捨的方法，仁波切說：「正行是大手印，前行是皈依，要積資、除障，正行與前行二者之中，前行更重要，好好做前行，能生起證量，如果好好做完前行，到五具正行的時候，會很輕鬆，不好好做完正行，不能了悟大手印，這個五濁惡時，是大家不修成佛之法，反而去修往生人天有漏善報的惡時，真正要先好好修行，然後才去利益有情，這是吉天頌恭的意趣，吉天頌恭說過：只要心專一修持，除此之外根本不用別的。如果要心專一修持，就要閉關，之後會開悟，會瞭解心性，一旦知道心性，就是一知遍解，現在大家聚在這裡，也都是心；都說一切法都是心，所謂的我是心，認為是我的想法是我執，所謂的我是我執，心貪著於我執，要透過閉關來消除我執，了悟此實相。

　　「想要一生之中獲得解脫與成佛的果位，就要將我執清除乾淨，所謂的我根本找不到，不能成立，這是一開始就不成立的，不曾成立，人們都是執無為有，從譬喻上來說，心就像虛空，心與虛空二者沒有絲毫差別；虛空不可指認，同樣地，心也是，所謂：『虛空與心及法性，不具絲毫之分別，客塵假名分別爾，此乃無義之妄言。』說虛空之空與心不同，就如同分別各種無意義之事，此為世間

人所好的，這些都是無意義的妄語，從一開始就不成立；除了本來心的法性以外，別無所立，虛空不具形象與顏色等等，是空，就像虛空中也會起雲，念頭也是心，升起各種現象，這些都是虛空的神變，就心的神變來說，也是相同的，虛空與心性，二者的空性完全沒有分別。『虛空與心及法性，不具絲毫的分別，客塵假名分別爾，此乃無義的妄言』。一切法皆是自心，除了心，沒有一絲一毫其他。所謂：『若人了悟本無心，則得三時佛旨趣，名爲一切法寶篋，又非其餘顛倒法，本來俱生之自性，彼之一切非能示，不可說故無人解，譬若有主則有財，本來無主又有何？若有心則有萬法，若無心則誰悟法？一切顯現心與法，尋不得亦無尋者，三時不生亦不滅，不成他物之真如，自性大樂之實相，是故諸相皆法身，一切有情即是佛，諸行業本即法界，遍計萬法如兔角。』

「過去上一代的人，信心、勝解、恭敬等等都很好，又依照實際修持做發願，善用各種方便，而現在五濁惡時，沒有人是爲法做事，連對聖者觀世音丹增嘉措也做毀謗——丹增嘉措辛苦耕耘與利益有情眾生，爲了成就佛法淨土、弘揚佛教而受累，不分日夜地做事，這樣子利益眾生時，還有人毀謗，現在就是這樣一個惡時，對這樣活生生的觀世音做毀謗的人，是造了自己墮落惡趣的惡業。

「修持是要在心中生起菩提，完全沒有觀想，一切解脫要從內升起，要了解那道理。但是僅是了解是沒用的，要做不可思議的修持，需要介紹空性爲何，也介紹迷亂爲

會見堪千貢覺嘉稱仁波切

何，並介紹以一切道次第之成果，根除這些痛苦之後的三身。

「因果二者也是由於念頭與習氣，這習氣必須消除，不消除的話，執著都在這裡面，因此要完全消除，無始以來輪迴的習氣都需要消除掉，消除乾淨了，才會證得空性，雖然這些我都有，只是在他相上有，自相上根本不存，很多教言、很多介紹、很多證悟都生起過了，從抵達那個因，到現在為止已經過了很多年。」

1996 年的八月三十一日，在強久林的桑顯閉關中心住時，為阿尼貢覺卡卓開示說：「無論做什麼，都要以利他心做，沒有比讓他人歡喜更殊勝的法，清淨的法就是心

1997年堪千貢覺嘉稱仁波切在印度強久林寺教授正法一意時的留影

清淨大平等，輕視他人的話，難做到平等，因此要得到清淨，必須達到心中觀修無常至汗毛豎立，如果這樣生起無常之想，就可以了悟心清淨如虛空了。」

在強久林寺附近的地吉林社區，從一月五日起開始，進行為期一個半月的瑪尼、金剛薩埵、阿彌陀佛年度法會，是由藏民社區互援會所發起，同時該社區的老人們成立了瑪尼共修會，雖然建了佛堂，但是沒有一個負責人，因此仁波切不僅把四方施主所給的錢交給了老人們，還特地親自前往人們所建的瑪尼佛堂給予佛法開示，並一起共修瑪尼，每月超過十六天的瑪尼共修費用，都由仁波切出，如是給予一切照顧。

1997年藏曆十一月十五日，堪千貢覺嘉稱在強久林寺教授《大乘法教心要》圓滿那天最後時刻，竹旺仁波切向堪千仁波切表達致謝，為僧眾齋茶，並開示了如下法語：
「龍樹菩薩與吉天頌恭兩人只在名字上不同，一切意

趣證量功德都是龍樹的意趣，此亦是一切教法的精華，至於理由爲何，僧人們與年長的上師都要好好聽聞，所謂的《正法一意》、《大乘法教心要》已經不斷教授很多次，你們不是沒聽過沒見過，但是若能在自己心裡生起決定見的話，以後自己心中會有好的習氣，也會得到加持，這非常不可思議，因此終究是不可缺少的，能夠宣說此法的人非常少，能瞭解的人也非常少，這意趣唯有靠自己確定，不靠其他任何人與物，說法的堪布們沒有分別心，都是一起說法，但是每個人根器不同，就有不同程度，因此，最上根的人，會知道一切教法的精華是如何，所謂的一意是如何。我們噶舉派的祖師吉天頌恭是龍樹第二，他的意趣，就是千位智者也難臆測，此意趣非常深奧、廣大，佛所說的甚深旨趣，月稱菩薩能夠揭露，這些大家都清楚，這個見地不可思議，是印度大成就者米迪巴的意趣，據說米迪巴是在龍樹面前求得，龍樹的上師爲大成就者薩惹哈，他揭開見修行之果，即多哈之果，無上不可思議，將無上見修行三者之果，證爲一如之甚深見地即是此。

「講到見修行三者之果時，執著見地爲一個，行持爲一個，修持爲一個，不了悟見修行果無分別，而執著爲分別，這樣就錯了；若問見修行果到底有無分別？答曰：無別。這是俱生之了悟，是一切法教之精華，是本覺之果，要的是這樣的了悟，這是由自證可得，要在當下正等地修持，精進苦行，忍耐堅持吃苦，讓自己的身體受累，心激勵，肚裡吃虧，若能這樣修持的話，就能看到一切法

教之精華，即所謂的本覺本慧。這東西在哪呢？在自心本貌中，這樣之後會升起很好的證量，這是不可思議的大關鍵，如果問所謂的見修行之果多哈藏是什麼？就是佛與眾生無別，輪迴與涅槃無別。大成就者米迪巴與龍樹菩薩所傳下的見地，所謂：『實有非實離戲論，意中無為不尋義，一切皆為虛妄性，捨棄最初亦捨末。凡是已成心對境，彼非實相為遍計，有心無心未了悟，捨棄多而證為一，若貪著一仍受縛。』有這樣的究竟見地，其後才說究竟見修行之果離一切有無戲論，是離戲的，輪迴與涅槃無二，也沒有有與無，當知自己覺性之果根本無二，若有能所二執則不可覺，一切法教之精華為此，要這樣了悟，然後漸漸自己心裡體會時，就像米迪巴說的：『雙運離念大手印，明空無念如虛空，廣大遍覆大悲心，雖顯無實如水月，明白離言離中邊，無著垢染離期慮，啞巴夢般不可說，無量大樂自性智，如日月光離諸邊。』若到那時，就會了悟吉天頌恭法身意趣，若是一個修行者，就在那時會知道：『大樂普賢廣大藏，一切安樂之所源，吉天頌恭仁波切，我具恭敬心頂禮，三身無別自性任運成，寂靜離貪不逾真如性，為利有情精進行，頂禮勝者法至尊。』如此瞭解吉天頌恭的意趣為法身，這樣的了悟，大成就者薩惹哈有段話這麼說：『噫嘻，自生瑜伽大稀有，無為本心為法身，有為之心不可得瑜伽，自性大樂處中輕鬆見，自性所成瑜伽心安樂，離念頭故生欲不可能。』此語乃由證士薩拉哈所說。要抵達到這種不可思議的安樂境界。

「僧眾們在此是緣起，由緣起而發願，龍樹菩薩說：『不涉緣起法，世間中不存，是故不屬空性法，世間亦不存。』所謂『緣起關鍵自在直貢巴』，此箇中真義是誰說的呢？誰擁有此甚深緣起義呢？是佛的意趣，不僅是佛的意趣，這甚深義更不可說，正因如此，故為不可思議，此本覺吉天頌恭之意趣，因為堪仁波切無上不可思議恩德，做了幾個月的教授，在這一切之後我亦隨喜恭敬信解，為何呢？這是五濁惡時，在這樣的濁時，講授如此法要的堪布，他必是不可思議的上師，他是天生的上師啊，因此在教授大乘法教與正法一意時，我感到無邊的歡喜，想著：『啊，你做了很好的修行，一切的意趣就是這個，一切祖師的主要訣竅要點若他們聽進去的話，只有好處，沒有壞處。我因這樣的法與誓言，業力因果，菩提心，而在這寺裡得到自己過去相應之果，這是不可思議的，是有利益的，我要說的就是這樣。

「我不精通，也沒有才能，堪布也不是不精通，不是不曾見，亦非不這麼想，弟子中也有很多上中根器者，他們不會不懂，不是不曾見，雖然如此，但是所謂的訣竅是難得的，因此在這裡我以增上意樂做支持的話，只有好處沒有壞處，這是我要說的主旨。在這裡一定有很多見地與修行不可思議的瑜伽士，有很多上中根器者，現在存在這僧團中的人，有的自然知道這道理，自己清淨，外於輪迴能生厭離，內於煩惱能自地解縛，身語無別能做了悟，就像傳承祖師傳記一般，願加持成就終生修持，誰也不敢

斷定沒有這樣的人在大眾之中，佛說『人不可臆度人之證量』。因此在這之中有不可思議之人，上師知！有具福樂者，一切僧眾皆是了不得的福樂者，今日以前，在西藏遭受了多少磨難，過去的日子是如何，大家都聽過，都瞭解的，現在對我們而言，沒有人會說：『來到這裡不可以修法。』在印度沒這回事，印度這國家具有不可思議的大恩，又這也是達賴喇嘛尊者如意寶的恩惠，外國人是怎麼說的呢？我們的教主釋迦牟尼的法教在哪裡完整留下了呢？留在西藏佛教國土中，大家檢視之後，確定西藏真是一個佛教國土。

「吉天頌恭最主要的意趣是什麼呢？是修傳的法教。他的法教究竟在哪裡呢？在他的時代，有十萬千萬眾弟子，他對七萬七千眾弟子說法後派他們去雜日雪山；對六萬六千眾說法後派去岡日雪山；對五萬五千眾弟子說法後派去拉企雪山。吉天頌恭就是一個具有這般事業的上師，現在教授的內容是法教的精華，此不可思議、具有決定意義的意趣，就是《正法一意》，我們需要這法教的精華，若問僧伽需要什麼，就是需要這個，錢財有什麼好歡喜的，都是罪惡的因，這些法的內容每回聽在自己耳朵裡時，如果是一個在見地上有修證的瑜伽士，就會想：唉呀！瑜伽士若修持見地，自身即是聖地，聖地之中，以自身最為殊勝，除此之外，沒有更殊勝的。

「身體要像山一樣，毫不動搖，約束五根而能生樂，散亂也無須刻意捨棄，有謂：五根亦要做正事。不需捨棄

直貢噶舉拉企密勒日巴聖地

散亂，如果約束五根門，就是對治散亂了。沒有比這更殊
勝的修持，若會遇任何境相都了知爲心，這就是本尊，彼
時這樣修持證量的話，能將各種事物也都認定爲本尊，不
然對於各種各樣的事物就會有喜好期待與顧慮，這就是障
礙了。必須視爲本尊，哦，要這樣面對境相。你們做不到
清淨觀，『不引意識次第斷念頭，心中若起念頭瑜伽士，
猶如毛布無爲放任之，捨棄所做觀照己自心，若生希求
當知此爲魔，一切念頭根本即是心』。若問心與念頭二者
是何？有何辦法可以分離？這要在將來了悟心不存在，若
不了悟心不存在，則不得三時諸佛的意趣，若了悟心不存
在，則得三時諸佛的意趣，到那時才能離開念頭。心與念

頭的本質是同一個，要這樣想，也要這樣瞭解，以此爲基礎，慢慢地落實在行住坐臥，教授這樣好的經文時，要有這些認知吧。

「既然在印度這地方一切教派都有，非常多，在這方面都可以去聊聊吧，不管去哪裡，都能對這法教的發展有幫助，說一點點這裡面的內容，你們說一些我們直貢噶舉派的見地修持，有什麼好處，有什麼利益，需要這樣吧。

「『因無此故念頭亦非有，觀修無念瑜伽士，抉擇此心融入非是境，不求修持故而成佛果，並非希求修而成』。心會融入心中。

「要怎樣了悟心不存在呢？要這樣了悟：即所謂『不希求修持』，若希求修持就不能了悟無修的佛果，要了悟成無修吧，要了悟無所修，所謂『無所悟即是悟』，若了悟無所悟，這就是最上等的修持，抵達最頂尖。

「『瑜伽士如嬰孩無念頭，又如花園蜜蜂嘗蜜般，亦如徘徊森林間獅子，各種起心動念猶如風，若守心性是爲殊勝行，不止自性平等般行持，於此各種顯現心體性，僅遇無所立爲印支分，顯而未顯成就佛之體，若思及此是爲正成就，外內一切俱生之體性，猶如無念水流之瑜伽，復又除心以外無可尋，全不作意大手印，若悟無求其果爲大印，若悟無念即如天空雲，若悟眞如自性即是空，見修行果無別皆俱生，悟無二爲殊勝之佛果。』

「哦，要這樣了悟，尤其我們學完《大乘法教心要》與《正法一意》之後，一定要一點一點的記在心裡，你們

大家都不像我，不管請教誰都會忘，這不好，三寶知！教過的內容不可以忘記吧。一開始說『不用耳根，是覆器之過』，這就是一個過失；『心不牢記，是漏器之過』，這也是有過失的一個徵兆。經書一教完就忘記，這點要改，要斷除，這些是從一開始就教的吧，教完之後還有特別安排複習師吧，在這裡面像過去智者一樣的中上根者肯定有很多，要向他們請教除惑，今天教授的內容之中，意思是什麼，這又是怎樣如何，要怎麼認定，說了什麼道理，在其他經書裡有說，在這裡有這些那些內容，各各經書中一開始怎麼說，中間怎麼說，後面怎麼說，這些都要自己研究、找問題，然後自己複習，如果能這樣的話，經書是無主的，正所謂：『佛法無主，看誰精進。』不是有些人有，有些人沒有，佛法沒有主人，是看誰具有勤勉和精進心吧，現在還敢浪費時間嗎？

「現在雖然是五濁惡時，但條件不算差，放眼看到的住處皆是賞心悅目，舒服得很，僧眾的住處，阿嘿，真是舒服極了，在這裡連一天長的困難都沒有，只有享受而已，所以要好好學經，這樣對法王的功德主也會有利益啊，以此結下了因緣，以最好不可思議的佛學院來利益這些功德主，讓法王付出的辛勞有所收穫，這都會有利益的，而對我們自己，這些內容，在當下能清淨我們收受信財的罪過，在究竟則會讓自己富有學問，當前需要的就是學問吧，我覺得這方面有點散漫，我問年紀輕的人，無論問誰，都回答說：『不知道，忘了。』忘記有什麼過失？

就是不能找到內容，是因為沒有複習，而表達不出來，也不會問。不做這些功課，人怎麼會懂道理呢？

「『佛法無主』，佛法不是誰專有的，就看誰有精進心，這方面我很有經驗，我們在尼瑪江惹佛學院時，有一個不丹人，他名字叫做『索南敦珠』，年紀有點大，也不聰明，但是非常精進，精進是不可測的，一開始我們都懂，而他雖然很努力，可是還是不懂，他就更努力，常上惹霍仁增曲札身像前請問上師經書內容，下來佛學院之後又自己複習，就這樣，最後畢業時，他成為佛學院裡學問最好的人了。因此，如果肯努力肯精進，就能變成這樣，不應該這樣嗎？所以懂不懂經書，是決定在有沒有努力與精進，沒有誰是經書的主人，有些經書有主人，有些經書沒主人，完全沒這回事。

「『精進能釘岩』，有很強的毅力與精進，在岩石上也能釘入釘子。又說『知者猶如草原火』，草原失火時，心想糟了馬上要燒到，『這樣就好』的想法完全不行，現在有這樣好的經書教授，是很大的恩惠，這是多令人歡喜，我們直貢噶舉派就需要這個，需要的人是一切僧眾，如果有這個，不管去哪裡都不用怕，願上師知！這不管在哪說都是令人讚歎的，沒有比修行更殊勝的事，《大乘法教心要》與《正法一意》的內容不可思議，這方面大家要稍微注意，要謹慎，以後對上師的信心、恭敬、勝解都要做好，誓言必須要清淨，大家要記在心裡，然後自己心中就會進入很多加持與好習氣，以後這些對自己有用。理解

經書要歸納，教授每個經書時，對於每個經書的內容都要歸納，之後就會歸納理解。這些內容的意趣，《寶性論》與《七寶藏》等等之中說得非常多，《大乘法教精要》與《正法一意》是吉天頌恭的意趣，是歸納理解了一切法教的精華，不相矛盾的宗義，它說：『當知一切宗義不相違背。』他的一切意趣都不相違背貫徹始終，喔，必須要這樣理解，這方面我有經驗。

「譬如廣行派與深見派二者，廣行派與深見派是兩大難處，內容非常廣大，怎麼界定是廣行派，怎麼界定是深見派，能這樣說的人根本沒有，這是沒有歸納的緣故，如果歸納了，就會確定廣行派裡面隱含的意義是現觀次第般若波羅蜜多，最主要的是此。

「那要怎樣界定深見派呢？確定表面上明示一切空性次第的即是，此二者合併起來，確定境與有境二者不能立。不是要這樣理解嗎？大家都要想辦法學好。

「具恩的法王很辛苦地去到別人的地方，有時是他自己帶著行李去，有時搭飛機去，這樣不辭辛苦任勞任怨，如果僧眾內外行為得體，就是功德主與一切眾生的供養田，是清淨引導信眾的表率，是累積圓滿福德的福田。

「印度直貢強久林寺是不可思議的寺院，在這裡住的人、佛學院都需要遵守誓言吧，不要放逸，一切祖師都會來守護，然後要學經書，過去一切智者這樣做是有意義的，我們直貢派，以前是沒有佛學院的，後來具恩法王習衛洛追的時代，才建立起著名的尼瑪江惹佛學院，這裡的

僧眾有來自不丹、尼泊爾、多麥，佛學院興盛的時期，人們說：直貢地方升起了太陽。那時大家都很努力精進、有規矩，這樣會得到功德，上根者一生成佛，中根者為十地自在，就是下根者也都照見法性真諦。在學經上有規矩、努力精進，自己不確定的地方請教他人，問問複習師，就可以解除疑惑，中上根者也非常多，彼此互相討論，好好努力學經的話，不可能不獲得學問。

「最近我們僧人太舒服了，譬如我們在西藏時，不管是閉關者，或是學經的人，都要自己找自己的生活所需，住的房子，水、柴火等等都要自己想辦法。現在可以隨意住著待著，不看經書是為什麼，該說點原因吧，要去借錢嗎？要去乞討嗎？生活條件太好了，這樣的生活條件不可思議，如果問現在還要什麼？就是各人的努力、淨相觀、精進，以這些來讀書的話，自己就會獲得學問，不管到哪裡都能自立，要有這樣的心態，以後不要浪費這些條件，這會造成法王的困難。

「現在我們反觀自省時，對外需要這麼利益眾生，而對內如果沒有收入，就不能維持僧團，外面所有的施主，不管多虔誠，都是需要一個今生與來世的依靠，現在想一想我們要做什麼？我們誓言清淨，要想一想這些，這些是什麼呢？就是佛教的精髓，想到利他，如果沒有佛教，量等虛空的有情眾生都是處在黑暗中；如果有佛教，量等虛空邊際的一切有情眾生都會得利，功德也不可計量，住於無量的行持，當消除一切之迷惑，所謂：『量等虛空際，

1997年倫比尼舉行噶舉祈願法會

有情亦如是，無邊業煩惱，我願亦無邊。』就是這個，一個學經的人，一切經論包括廣行派、深見派都要學，接下來學習時，從《入行論》開始，繼而中觀，般若，俱舍，然後是律學；律本事三類是什麼？人本事、法蘊本事、異熟本事，稱爲三類律本事，之中犯戒的情理，有很多教授，要有這樣的計畫，請好好想一想啊，這是我的願望，請不要違背這樣的想法。」

　　1997年，十二月三日，竹旺仁波切前往參加在倫比尼舉辦的噶舉祈願法會，當時仁波切一到會場，就去捐獻處，說：我瑜伽士要爲這樣的大會捐獻。侍者們也一同進入捐獻處，捐獻處的所有工作人員看到仁波到來，都聚集在一起，爲仁波切擺設座椅，等著仁波切捐款時，首先仁波切從包袱裡取出一捆捆的錢，嘴上說：不是這個，也不

是這個。同時用手把每捆錢打開，這些捆起來的美元、五百元印度盧比等等，都在工作人員面前打開來，又說：不是這個，不是這個。然後把錢收好，又從一個布袋裡打開一捆錢，說：喔，就是這個，是十元紙鈔捆成一捆，共一千元，仁波切將他捐出之後，說：「謝謝，請你們要好好地發願。」等等，說了之後，來到祈願的會場，當時第十八代薩迦法王以極恭敬之姿來拜見竹旺仁波切，彼此談話很長時間。

1998 一月，尼泊爾倫比尼的噶舉祈願法會結束之後，仁波切直接去金剛座參加達賴喇嘛尊者的法會，在金剛座時，仁波切突然腳犯病，心想：「是不是要去淨土了。」侍者立即報告直貢法王，法王派知客楚旺與我貢覺諾布兩人去到金剛座，仁波切生病在一帳棚裡，那時的侍者是直宗諾布，我說：「仁波切，法王知道您生病之後，特別派隨身醫生來給您看病。」

仁波切說：「謝謝，我的病是業障病，不需要吃藥。」

因為不願服藥，醫生堅持說：「我是法王特別派來的，請一定要服藥，就算您個人不願服藥，為了我累積福報也請服藥。」

仁波切說：「要積福德不是一定要我吃你的藥，光是你來這裡就已經累積福德了，我和世間人不一樣，我的這個病不是用藥能治的，這是業障病，要我自己來治。」因

1998年在菩提迦耶腳犯病

此根本不吃藥，並說不管病情如何，都要去聽達賴喇嘛尊者說法，因此楚旺先生找了一個能就近看得到聽得到達賴喇嘛尊者說法的房子，搬到該處之後接著聽法。最終法會結束後，二月一日下午仁波切不顧著身體還發燒，說一定要去轉一下金剛座的佛塔，我們侍者們心裡想：「反正仁波切要去金剛座繞塔，我們租一輛三輪車也無不可。」於是我們給佛塔的工作人員錢，在佛塔外圍租了一輛三輪車請仁波切坐。

到中圍時，仁波切說要走路去，不坐車，我們說：「您腳這麼疼，沒辦法走的。」

仁波切說：「我就算要死，也要走路去。」

因為很堅持，我們也沒辦法，當時金剛座有達賴喇嘛尊者的傳法，還有寧瑪派的祈願法會，總之佛塔附近非常多人，幾乎沒法動彈，但是我們在仁波切左右服侍，時

即使腳病犯了，走路艱難，仁波切也堅持要繞塔

間一分鐘一分鐘過去，仁波切的身體似乎也一分鐘一分鐘地康復，偶爾仁波切因為腳疼而喊叫，臉色也變得非常黑，雖然疼痛，還是堅持走下去，仁波切說：「業果不可思議，障礙必須清淨，外淨所知障，內淨煩惱障，我要清淨眾生的障礙，你們什麼都不懂。」說著轉外圍花了大約兩個小時，轉塔的人們有的說：「唉啊，這個上師怎麼了！」有的說：「這個上師真有毅力！」有的說：「是生什麼病了？」總之成了大家關注的焦點。

隔天坐火車回到強久林寺，在強久林寺期間，直貢法王與法王父母給了各種藥，但是仁波切根本不吃，一個月以後病就好了。

1999年九月十日，達賴喇嘛尊者口述竹旺仁波切長

壽祈請文，眾人皆專注聆聽，仁波切去拜見達賴喇嘛尊者時，達賴喇嘛尊者親自出門外，拉著仁波切的手到房裡，仁波切要頂禮時，達賴喇嘛尊者不讓做，仁波切堅持，故而歡喜接受，可見仁波切備受達賴喇嘛尊者尊崇，如是等等事跡不可盡述。

達賴喇嘛尊者所撰長壽祈請文如下：

《長壽祈請‧樂善百威》
金剛總持帝洛那若尊，瑪密岡波帕竹吉天恭，
根傳上師本尊諸聖眾，即賜樂善百威之成就。
富有往昔證士訣竅藏，珍貴三寶有情眾依怙，
妙欲如意生源摩尼寶，祈請無比具德上師尊。
修傳法教精華大手印，敬信苦行忍苦修持法，
守護高舉修持幢僧團，正等修持上師願常住。
眾生受創四魔毒之箭，以四聖諦為藥盡康復，
宣說轉心四思維要道，願引雙運四身勝者地。
無欺上師本尊加持力，空而無顯無欺緣起力，
一心虔誠增上之意樂，如是發願之果令成就。

此為直貢管家楚稱自在者所敦請：需要直貢閉關上師竹旺貢覺諾布長壽祈請文。

釋迦比丘丹增加措於第十七勝生土兔年八月五日，公元1999年九月十四日，於達蘭薩拉大乘法林撰文。

THE DALAI LAMA

༄༅། །ཞབས་བརྟན་གསོལ་འདེབས་དགེ་ལེགས་ཀུན་འབྱུང་ཞེས་བྱ་བ་བཞུགས་སོ།།

༄༅། །ཨོཾ་རྗེ་འཆང་དངངས་དེ་ལོའི་རོའི་ཞབས། །མར་མེ་སྐལ་པོ་ཕྱག་གུ་འདེག་ཤེན་མགོན། །ཆུ་བཅུད་ ཀླུ་མི་ཡིད་མ- ཆོགས་ཀྱིས། །དེང་འདིར་དགེ་ལེགས་ཤེན་འབྱུང་དངོས་གྲུབ་སྩོལ། །གྲུབ་མཆོག་གཏོང་ ཕའི་གདམས་པའི་མཛོད་ལ་དབང་། །དཀྱིལ་མཆོག་རིན་ཆེན་ཡིད་ཅན་ཀུན་གྱི་སྐྱབས། །རྗེར་ལུ་འདི་ ཀུ་ཡིད་བཞིན་འབྱུང་པའི་གཏེར། །མཆུངས་མེད་དཔལ་ལྡན་ཟླ་མར་གསོལ་བ་འདེབས། །སྐྱབ་བཅུད་ བསྐྱེད་པའི་ཡང་སྐྱེད་ཕུག་ཀུ་ཆེ། །སྐྱབ་ཐབས་མོ་གས་དགའ་སྟུང་སྤུག་བཞན་ཀྱིས། །སྐྱབ་པའི་ཀྱལ་ མཆོས་འཛིན་པའི་རེ་སྐྱོང་པའི། །སྐྱབ་དགོན་དམ་པ་ཁབས་པད་དག་བརྟན་གསོ། །འགྲོ་བ་བདུད་བཞིའི་ དག་གི་མདངས་རྣམ་པ། །འཁགས་པའི་འདེ་བཞིའི་སྐྱན་ཀྱིས་ཡོངས་གསོལ་བས་མིད། །རྗི་ལྡོག་རྣམ་བཞིའི་ ལམ་ཀྱི་གཏན་བསྐྱད་ཏེ། །རྒྱང་འདུག་སྐུ་བཞིའི་རྒྱལ་མར་འཕྲིད་དུ་གསོལ། །བསྐུ་མེད་ཟླ་མ་ཡི་དམ་ ཕྱིན་མཐུ་དང་། །རྗོང་བཞིན་སྐྱང་པའི་ཉེན་འབྱུང་བསྐྱ་མེད་མཐུས། །ཅེ་གཅིག་དད་མོས་སྐྱག་པའི་བསམ་ པ་ཡིས། །རྗེ་སྐྱར་སྐྱོན་པའི་རེ་འབྲས་འགྲུབ་གྱུར་ཅིག།

ཅེས་པ་འདི་འབཞིན་འབྱི་གན་སྐྱུབ་དཔོན་གྱུབ་དབང་དགོན་མཆོག་ཉོར་པུ་བཟས་པད་བདག་པའི་གསོལ་འདེབས་ ཤེག་དགོས་ཞེས་འབི་ཕུག་ཆུལ་ཁྲིམས་དང་ཕྱུག་ཆན་ནས་བསྐུལ་དོར། སྤྱུའི་དག་སྐོང་བསྟན་འཛིན་རྒྱ་མཆོས། རབ་ གུང་བདག་བཞིའི་ས་ཡོས་ཟླ་ ༤ ཚེས་ ༥ ཕྱི་ལོ་ ༡༡༩༩ ཟླ་ ༤ ཚེས་ ༡༩ ཉིན་ དྲ་རམས་ལ་ཐེག་ཆེན་ཆོས་ སྦྱིར་དུ་བྲིས་པ་དགེ།། ||

達賴喇嘛尊者所撰寫常住祈請文

聖者的足跡

仁波切先後多次拒絕過國外各地直貢噶舉派中心的邀請，然而在土兔年的八月答應願意前往國外，之後海外弘法之情形如下：

1999年9月～11月弘法行程
【與台灣的因緣】

至尊依怙堪千努巴貢覺丹增仁波切 續撰

1999 年的九月二十四日，台灣發生九二一大地震後，很多人喪生，當時台灣直貢噶舉內湖中心的會長熊清良委託，心頌法師、吳慧玲、李梅英、高蘭蘭等人赴印度德拉敦強久林寺，特地邀請竹旺仁波切前往台灣，在這之前，台灣的直貢噶舉派的弟子們雖然渴望仁波切來訪，但是竹旺仁波切說：「好好修完一億遍瑪尼之後，可以看看情況。」而今年瑪尼即將修完，尤其台灣發生了前所未有的大災難，因此出自悲憫亡者、關懷遺親的請求，仁波切答應前往，當時的翻譯由努巴仁波切擔任。

仁波切說：「今年，一是法王有此想法，二是台灣要

1999年到台灣之前，與台灣弟子一同去恆河

做瑪尼億修的回向，三是尤其發生意外災害要修瑪尼，所以可以去台灣。」眾人聽了皆不勝歡喜。

1999年十月一日印度直貢噶舉派的寺院強久林寺，法王如意寶表達深切關懷，並做了指示，安排努巴仁波切為竹旺仁波切翻譯，管家次旺喇嘛與直貢諾布為侍者，前往新加坡、台灣、馬來西亞等地，並舉行了簡單儀式。

在新加坡噶瑪遍覆法界林的迎請下，十一月九日晚，

在新加坡舉行鳥類放生時，一隻雛鳥跳上仁波切手背佇留良久

由拉達克的喇嘛送到機場，從德里飛過去，十日早上到達新加坡時，米囊仁波切等僧眾二十多人前往機場迎接後，安排住在楊先生家中，中午十一點，到楊氏大院用餐並參觀，當天下午兩點法會開始，大家一起修三身儀軌、唸誦瑪尼等，約有一千人左右參加，並讓一百多人皈依受戒，第二天繼續唸誦瑪尼並做鳥類放生，當仁波切說完皈依與清淨惡趣陀羅尼後，為鳥類發願脫離惡趣時，鳥群們引導一隻雛鳥飛到仁波切手上，很長時間表現出依依不捨的樣

子，與會大眾皆感稀有訝異。給予百餘人皈依受戒，並開示最好吃素戒葷，若無法，也要承諾每月十五、三十、八日三天吃素。因而受到漢傳佛教徒的讚嘆與尊敬。

十三日前往動物園與水族館等地並做發願。

十四日前往一個稱做「菩提精舍」的寺院共修瑪尼，同時給予開示，當天有三百多人參加。

十五日早上從新加坡出發抵達台北桃園國際機場，當時台灣的立法委員沈智慧，與台北各個直貢噶舉中心的會長，羅貢桑仁波切、朗欽加布仁波切、見安仁波切等各中心的僧眾前來迎接，獻上歡迎布條、鮮花、哈達等供養，之後迎接到台北內湖中心。

十六日在直貢內湖中心修持三身儀軌與瑪尼共修，有七十餘人參加。

十七日早上參加「漢上師林賀」中心的開光，下午到教育基金會居士林開示，並講授瑪尼法要，約一百人參加。

十八日，在「漢上師林賀」中心開示瑪尼與佛法，參加者有五十餘人，當時有人請教關於空性及緣起的內容，仁波切開示說：「世間的在家人很難瞭解空性與緣起的甚深內容，現在我們好好遵守因果，這就是緣起；心中生起無常，這就是將來了悟空性的因，在這方面要謹慎。」晚上抵達台中。

十九日到埔里，這是地震災區，所以在路邊帳棚裡開示瑪尼法，有三十多人參加，並做了煙供與回向發願，對

到台灣時與羅貢桑仁波切、努巴仁波切、京俄仁波切、朗欽加布仁波切在機場留影

著亡者的照片與牌位做回向發願，並慰問災民，晚上回到
台北。

　　二十日前往竹巴噶舉派噶仁波切的中心，做開光、回
向發願、與宣講瑪尼，並開示要維持對噶仁波切的信心與
誓言，並發願噶仁波切快點轉世再來。

　　二十一日早上，到直貢噶舉甚深圓滿佛學會的會長邱
秋林的辦公室開光與發願，下午在甚深圓滿佛學會裡舉行
瑪尼共修並開示。

　　二十三日在國際世貿中心會場，與三千多人一起共修
三身儀軌與瑪尼億遍修持，仁波切也給予大眾開示。早上
九點開始修至中午休息吃飯，下午開始修到晚上九點，大
家都很努力地持誦瑪尼。

　　二十四日當天行程同上，晚上七點開始開放會見，到
晚上九點法會圓滿結束。

到台中921地震災區做發願與共修瑪尼

　　二十六日前往台中地震災區——東勢，東勢瑪尼法會有四十多人參加，晚上抵達高雄，住在文殊院佛學中心。

　　二十七日前往壽山湖濱山上的圓照比丘林，這個法師由貝諾法王認證爲活佛，在那裡仁波切給予開示。

　　二十八日下午回到文殊院佛學中心，與圓通法師會面，當日，竹旺仁波切順時成熟發心，跟功德主吳慧玲說要成立一個三身佛學會，去看了中心的房子並做了一些指示。

　　二十九日早上留在文殊院佛學中心，下午前往國軍英雄館。

　　三十日上午爲私人會面，下午修三身儀軌與瑪尼，並給予開示，參加者有一千多人。

仁波切在台北內湖直貢中心

全德佛教廣場功德主高全德及內湖中心功德主

　　三十一日早上九點至晚上九點爲瑪尼共修，晚上開放會見。

　　十一月一日上午，前往正在興建、具有稀有功德的妙崇寺，一到文殊殿，住持宏安法師即設宴款待，談話時說到歷史，竹旺仁波切說：「以前曾在淨相看過此寺院的莊嚴，又過去某時某地的人們，爲了消除瘟疫而延請他去接受供養，從五台山草房裡去哪裡都是騎著一個仙鶴前往，這次因爲有需求，所以今生投胎出家，廣大做饒益眾生與佛教的事業，我來到這裡也是因爲我們過去的業與因緣」。兩人談話極爲融洽，法師更流下眼淚，對仁波切生起無比的信心。

　　二日前往顏師父（即今之仁欽多吉仁波切）的中心教導瑪尼與開示，並允許拜見，參加者有三百多人。

與馬來西亞的信徒合影

　　四日前往台中金剛山般若學院給予關懷和開光，此處亦是地震災區，晚上住在萬佛寺。

　　五日早上萬佛寺以隆重的儀式向仁波切請法，仁波切給予瑪尼與佛法開示及會面，有五十多人參加。

　　六日前往台中文英館，從早上九點到晚上九點修持三身儀軌與瑪尼法會，有一千多人參加。

　　九日心淳法師迎請至桃園佛陀世界，之後共修瑪尼，開示要建立閉關中心並請求仁波切加持，之後前往尼灰佛學會接見信眾並開放問答。

　　十日早上朗欽加布仁波切敦請仁波切為岡波巴佛學會揭幕與開光，並且舉辦放生，約有五十多人參加，中午與台灣各個直貢噶舉中心的代表用餐，仁波切就所有直貢噶舉的中心要團結，誓言要清淨等方面給予開示，大家都非常歡喜。

十一日一大早前往台北桃園國際機場，各中心的負責人，以及自發送行的弟子數十人不捨地在機場送別，當日到達馬來西亞，抵達時，有馬來西亞旅遊公司的負責人與林麗雲等人接機，尤其拿到入境許可之後，出了機場有上百人齊聲唱誦瑪尼隆重地迎接仁波切到賓館，晚上參加法會的人有一千四百多，仁波切給予開示與加持，仁波切說當天所有一切都是白色光芒的景象。馬來西亞「吳志偉森林責任有限公司」的董事長吳游蘭女士預先準備好國際三乘佛教共修世界和平法會，由仁波切作為首席，此活動由於具有政府核准，與以及國家文化旅遊大臣達樂溫卡敦的同意書，故能在國家體育競賽場舉行，並以黃豆大米創下世間前所未有的八吉祥寶瓶相，高九十尺，寬七十八尺的壇城，是由中學學生們精心建起，建好時下起雨來，要用帆布蓋住時，突然場內起了一陣風，使得這工作一下子輕鬆完成了，他們相信這是竹旺仁波切的加持所致。

　　十三日早上五點法會開始，佛教梵唄協會等奏樂歡迎，馬來西亞內政部長、旅遊部長、馬來西亞佛教主席圓通法師與無吾法師等蒞臨，發表歡迎致詞，直貢噶舉派澈贊法王亦發來致詞由人代為唸誦，南傳小乘代表，馬來西亞漢傳佛教代表圓通法師，藏傳佛教金剛乘代表竹旺仁波切，眾人一起點燈發願，四萬盞油燈同一時間點燃，頓時星光閃閃，各自依照各派方式宣說半小時，竹旺仁波切與努巴仁波切等直貢派僧眾則講授三身儀軌與瑪尼，大眾亦一同唸誦，之後仁波切與隨從來到八吉祥寶瓶相壇城上，

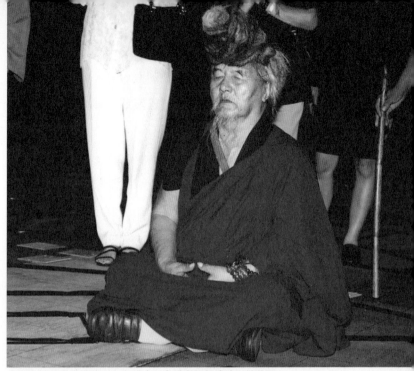

在馬來西亞體育場黃豆大米所建八吉祥寶瓶相壇城上做發願

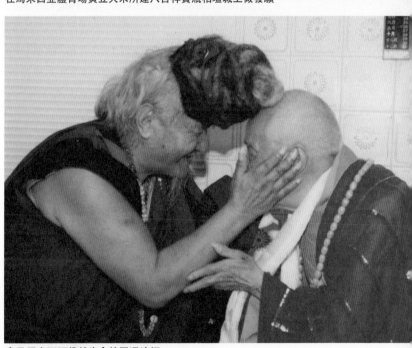

會見馬來西亞佛教生命柱圓通法師

仁波切坐在中央給予禪定加持及回向發願，約三萬人手持油燈，口唸瑪尼地恭立著，努巴仁波切一同做灑淨儀軌，讓大眾信仰的苗芽更加茁壯。

十五日在觀賞了主辦教派的舞蹈之後，前往竹巴噶舉派的中心，給予現場四十多人開示和宣講瑪尼。

十六日前往圓通法師之處後，給予開示與宣講瑪尼，仁波切讚嘆圓通法師是馬來西亞佛教的核心，是根本上師，圓通法師也祝願竹旺仁波切長命百歲，藏傳佛教吉祥等等，彼此融洽，最後圓通法師獻給竹旺仁波切一份叫做「佛」的紀念品，下午前往佛光山的中心會見滿雅法師。

十七日下午前往靜龍寺會見悟通法師，為七十多人傳法宣講瑪尼。

十八日晚，在夕照雜誌社為一千多人傳法宣講瑪尼。

十九日下午在夕照雜誌社為一千多人傳法宣講瑪尼。

二十日下午在直貢噶舉中心為七十多人開示宣講瑪尼，晚上在達瑪后色中心為七十多人開示宣講瑪尼。

二十一日在禮堂為二百多人宣講度母儀軌、加持、用餐及傳授瑪尼。

二十二日，由馬來西亞旅遊局正副官等人送行至機場，經新加坡飛抵德里，秘書喇嘛洛桑前來接機。

二十三日，回到強久林寺時，路上由法王拉章的侍衛與僧院的內管家獻哈達迎接，在閉關中心桑顛林，尼眾儀仗列隊迎接，在拜見法王時，喝茶、人蔘果等具足稀有緣起，最後回到住處。竹旺仁波切私人所得的錢財，都在蛇

年法會時，作為傳授直貢噶舉派灌頂口傳教授的資金，對教派有無比的恩惠。

1999 年十月十一日至十一月二十三日，前往新加坡、台灣、馬來西亞等地，此舉無論對我們的法教或典籍都得到很大的發揚。現在仁波切所到之處，都非常盛行大悲心陀羅尼六字真言，不僅告訴大眾達賴喇嘛尊者就是千首千眼大悲觀音的化身，要大眾具有信心，並發願佛法之地——西藏，能早日恢復自由，此次弘法，有時三萬人，有時上千人，有時上百人，多次講授皈依，遵守因果業力，要孝順父母，作為佛教弟子應該戒殺吃素，對所有人都要具有慈悲心，要放下教派的分別心，總之對於所有人不是講講場面話，而是對症下藥地給予教導，循序漸進，大家不但獻上讚嘆的花鬘，由於仁波切的修持力，更使得病人從疾病中痊癒，自然轉成安樂，很多人一見仁波切便不由自主落淚，而對佛教，尤其是藏傳佛教生起強烈的興趣與恭敬心，特別是以觀世音與六字真言利益眾生頗具實際效果。

仁波切持著直貢噶舉特有的鉢喝酥油茶

【在印度・尼泊爾・台灣的弘法】

巴給貢覺諾布 續撰

1999 年十二月二日，從強久林寺前往阿拉摩拉閉關的閉關者，以閉關上師耶喜仁波切爲首的二十人，在修完大手印與那若六法之後回到寺院，同時強久林寺派去世界各地做金剛舞表演的十位僧眾完成表演回到寺中，總之當時強久林寺的僧眾全都到齊，竹旺仁波切支付每日三餐與齋僧費用，讓大眾修上師供養法，最後回向時有如下開示：

「過去一切祖師的所有口訣與教授，堪布們都有教授，這些你們自己都學到了吧，好好學這些學問，下可利益輪迴有情眾生，上可利益佛教，自己於今生及來世都可得到利益，像這樣好的條件不要浪費，要好好學經，精進用功，以清淨心來好好學經的話，雖然目前還很年輕但是都會變得很出色，這樣很好吧，上師遍知！不要浪費，要好好看書，對上師要恭敬，教授經書的這些人都是上師吧，是很珍貴的。上師遍知！是不可多得的吧，否則自己去請人教自己的話，根本就找不到人可以教，哪有這麼簡單就教的，這是法王的大悲恩澤成就如此不可思議的條件，不用我們自己去一個一個拜託請教；有大殿可去，自己有很好的書可以看，這都不用自己花錢，需不需要好好學習，現在瞭解了吧。

在德拉敦地吉林瑪尼佛堂共修瑪尼

「僧人要的是學問，有學問的話，要錢有錢，要名氣有名氣，要地位有地位，如果沒有學問，這些從哪來？有的人想要安樂，卻不知道累積安樂的因；想要離苦，卻不知道斷除痛苦之因，那怎麼辦？大家要好好守規矩，行為要好，不要背地裡罵上師，不要生邪見，這些人的恩惠比你的親生父母還大。

「學習是我們的事吧，就算是一個用功的人，也很難遇上這樣的機會，不管我們怎麼樣，都還是供養這寺院，這就是我們的責任，所謂『所有供奉於僧前』，都是這樣供養的。這也是過去祖師們的大悲恩惠，使我們有這環境。現在沒有比本分地維持心的清淨還更需要的了，如果心不清淨，留下來作惡，會變得怎樣呢？這些方面要好好謹慎地做啊。不管要求唸誦的內容是什麼，那些都要好好唸誦，把我們視為依靠的那些人，要好好為他們唸經，不然就這樣坐著，那些人的父母兄弟，朋友村人心裡會有多麼難過，多痛苦，在那些把我們視為依靠的人面前，不重視因果，那亡者的債要怎樣消？不僅是亡者，主人也要找上門吧，這樣不重視因果，自己會吃到苦頭，會墮在輪迴裡，上師遍知！拜託要謹慎，我和你們都有誓言，沒有一

個人和我沒誓言，你們也要好好遵守誓言，這裡很舒服，比這裡舒服的地方，哪裡有？」

以上為竹旺仁波切的開示。

2000年二月二十五日，為了住在強久林寺附近安樂園村落的老人和民眾，仁波切出錢與帶頭工作，吩咐強久林寺的閉關者們做兩個大瑪尼轉經輪，並派四人轉經，在還沒去尼泊爾之前的轉經費用，皆由仁波切出。做好大轉經輪後在瑪尼共修時，仁波切說：「我的功德主說會持續護持負責轉瑪尼的人的費用。雖然他這麼說，但是最主要是你們自己要主動地來轉，不管有沒有我，都來轉經，這是我的希望，要自動來轉經。」

為感謝堪千貢覺嘉稱仁波切獻上哈達

【在歐美間不停傳法度眾】

巴給貢覺諾布 續撰

2000年四月十七日，竹旺仁波切從印度德里搭飛機前往歐洲，在中心五具法林索南與羅卓喇嘛，首先說明了中心的活動內容，中心的人並詢問仁波切是否需要休息幾天，仁波切說：「完全不需要休息，不可以浪費時間，有什麼共修要做就做，我不是來休息的，光陰珍貴如黃金，不可以浪費。」

十八日，在中心共修上師供養法時，給予皈依及瑪尼的開示，隔日又對求法者說了很多因果業力方面的內容，仁波切說：「這個中心為什麼叫做五具法林？為了利益一切有情而命名為五具法林。因此，中心裡的人主要是要能戒葷，不然自己說是佛教徒，卻吃自己父母的肉，還是佛教徒嗎？」如此仔細地為大家開示後，中心裡的人發誓從今以後不吃肉。

二十四日，前往念知林中心，也累積了十一萬遍瑪尼，當時中心裡沒有達賴喇嘛尊者的法相，因此仁波切很嚴屬地囑咐：「一定要放達賴喇嘛尊者的法相，達賴喇嘛尊者是觀世音活生生的化身，為了利益眾生而來，我們唸誦觀世音的咒語，就一定要對觀世音有恭敬心。」當日有三十人發誓吃素。

二十七日從德國搭飛機，經一個小時抵達奧地利，一個自稱為「擦補喇嘛」的外國人前往機場迎接，之後在他的中心裡五十多人一起唸誦瑪尼，當時仁波切開示中心裡的弟子們要和睦相處，互相遵守誓言。在那裡仁波切住了三天，三十日搭飛機去義大利，在機場，有度母林中心的會員五人前往迎接。

五月一日，在度母林中心準備的一個會場中唸誦十一萬遍的瑪尼，與十一萬遍的蓮師心咒，在那裡，仁波切悲心深切教化的緣故，有十五人左右發誓吃素。一共在那停留三天。三日從義大利抵達瑞士，在機場有雜日雪山的貢波南傑和英國人依智文等人前往迎接，當晚，住在直貢大遷識法身林中心的會長「吐丹朋措」家中，之後再由貢波南傑迎接。

六日，在一座格魯派的寺院，為當地的藏族人開示：

「現在我們大家因為具足業力、發願、悲心三種條件，所以能接觸佛教，在佛法之中，緣起是最主要的，『不屬因緣法，世間不曾有』。你們都是藏人，最初也都從西藏來到這裡，今天我們大家有一個共同的因緣，在這裡跟大家說說，所謂的『佛教徒』這名稱取決於是否皈依；皈依了，是佛教，沒皈依，是外道，所謂『佛教外道分別在皈依』這句話很簡要，也很容易理解，但是意思很深，首先要知道皈依的意思，你們裡面有上中下各種根器的人，都一定要知道皈依的意思，不管做任何大事小事，

之前都要先唸皈依文，要祈請三寶，『無欺無欺三寶無所欺，真實真實因果理真實』。我們都是佛教徒，從成為佛教徒開始，對於因果要像眼球一般地守護，佛教中雖然佛法無量無數，但是眾生能都懂嗎？不能都懂，這些佛法的精華總集為六字真言，這點要清楚，輪迴有情應得的法為六字真言，若能唸誦的話，就能自立，死後也不會墮入地獄，能進入淨土，這也取決於各人。除了這個，誰也不能做什麼主，沒有人不死，這是最簡單的，是最深的法，有這個不用求人，這也不用敲不用吹不用打不用拍，五濁惡時佛教極為衰弱的時候，如果是有福氣的人，我不管去哪裡，年紀在六七十歲的最多的每天唸兩萬遍，中等的唸一萬遍，最少的每天也唸五千遍，這個瑪尼在喜瑪拉雅山脈各個地方都成立了修持億遍的共修會，尼香、庫努、拉達克等地方都有累積億遍的唸誦，這對佛教有幫助，對輪迴六道的有情也有幫助，尤其佛法流佈的的雪域，在教法上出現了障礙，對這也有幫助。

「瑪尼出自於藏王松贊干布，千手千眼觀世音的化身是達賴喇嘛尊者，喔，就是因為這些理由，所以瑪尼咒很珍貴，在這裡的都是藏人吧，不知道很多佛法，自己都有自己的一份法吧，譬如一個人沒有頭就不稱為人，觀想出皈依的三寶之後，自己就可以修大大小小的善行，我們要做的是什麼呢？是要唸大悲觀世音的心咒六字真言，用這個可以清淨此生的罪障，無始以來累積的惡業罪障都可清淨。

西藏直貢替寺

　　「在輪迴裡會累積什麼惡業呢？都是累積五毒，三煩惱，念頭三障等業，這樣就待在輪迴裡了，那些業要怎樣認知呢？大家都知道的，它是由貪嗔痴慢疑等等所累積，在輪迴裡做障礙的就是它，所謂自心為佛，眾生都是佛，然而客塵障礙遮蔽，消除障礙即是佛。因為沒清淨，煩惱五毒障礙，所以不能見到自心是佛，若能清淨障礙就會見到自心是佛，眾生皆具如來藏，眾生皆是佛，是為本來六字聖母身，我們都是本來聖母身，但是沒見到，不能抗拒五毒而受它影響，受它影響而待在輪迴，若能轉變五毒，在心中生起證悟無我的智慧，就能見到自心即佛。

　　「過去生我們造的罪障有多少，過去的過去，以及

再過去，無始以來在輪迴時，就像今生一樣造了多少的罪障，如果能夠唸誦對治罪障的瑪尼，就能消滅罪障，不唸的話，罪障不會消滅；可以獲得共通與殊勝的成就，會達到共殊不退轉的成就，可從輪迴中解脫，輪迴是個苦海吧，單純地造惡業而流轉，我們在世界一百年要受地獄一天的痛苦，現在還要受多少苦？一切祖師都說不應該浪費現有一次的俱全暇滿人身，在五濁惡時，佛教徒裡取得這樣暇滿人身的人，有如白天的星星般稀少，任何時刻都要認真地唸誦瑪尼，不可丟了。來日死時，去處唯有黑白兩道，沒有他路，要見的人是閻羅王，沒有不用見閻羅王的地方，在業力的鏡子中，我們所做一切好事壞事都會浮現，那時沒辦法說謊，現在自己有能力吧，尤其是在這五濁惡時，一切有情很難進入佛法中，如果在佛法裡能修持善法，那功德更不可思議，過去佛法興盛時，雖然有功德，因為那時佛法興盛，大家都修佛法。現在是五濁惡時，大家要心轉向法的話，要想一想死亡無常，沒有人不死，你們都要想一想轉心四思維啊，轉心四思維是讓自己想想死亡無常，不想到死亡就不會想唸瑪尼，想到會死就會想唸瑪尼，最主要的就是這個死亡無常，所謂『暇滿甚難得，士夫得成利，若不修饒益，何復得暇滿』。自己有長久住世的能力嗎？沒有，死魔就像山頂的哨兵，不會叫誰來叫誰不來，今天早上起床後，誰也不知道今天晚上還能不能躺下睡覺，這叫無常；今晚睡著之後也沒把握會再起床，正所謂『死無定時，死因不定』吧，你們都是佛教

弟子，想到這些之後好好行善唸瑪尼的話，你們的障礙會清淨，並且對於達賴喇嘛尊者丹增嘉措南瞻部洲如意寶身壽亦有助益。

「善惡因果唯成熟於自身，造了善業的就會成熟在善道上，如果造了不善的惡業，就只會成熟在不善道上，因此你們都是佛教徒，真的是有緣的人，長輩父母都是不可思議的人，在佛教裡出現障礙之後，漢人做得沒有因果、無法、無誓言，在那時候如意寶不樂見此，經過考慮過後出走，如果待在西藏，要去毀壞身語意所依，要去毀謗上師，要生邪見，要拆一切的寺院，然後要階級鬥爭，但是在這裡不用，來到這裡大概有五十多年的父母長輩很多吧，這些都是不可思議優秀的善行，是他們的後代，年輕人不可喪失我們的文化，要好好想想，年輕人首先考慮到因果的對象必須是父母，和父母吵架，傷父母心，批評父母，丟下父母自己，這樣的人大有人在，這樣的人，沒有一天舒服的日子，因果真實不虛，因果還會報應的。要知道父母有恩，我們是佛教徒，正所謂『父母的恩惠與三寶無別』。父母艱辛地生養，人不是輕鬆出生的，在父母懷胎時，父母很顧慮胎兒，怕傷害胎兒，不敢亂吃東西，經過九個月又十天後出生，生與死沒得選擇，沒有分別，生養時，所有痰和鼻涕，都是父母用嘴吸出弄乾淨的，這樣父母的恩不大嗎？這樣做了之後，更進一步以暇滿人身讓我們立足於佛教中，而我們不畏因果，讓父母傷心，虐待父母，好的都自己用，這是不可以的；如果是一個好孩

密勒日巴聖地拉企的葛佩林寺

子，會先把吃的給父母，好的衣服給父母穿，然後會發願
希望能報答父母恩情，孩子要重視因果，我們都是不輕忽
因果的佛教徒，要知道這些道理，吃喝行住坐臥的規矩都
要懂，不懂的話就是畜生。任何情況下三寶都是真實無欺
的，你們自己都遇到很多這樣那樣的各種障礙吧，這時候
要祈請三寶，沒有比這更殊勝的，可讓人從這障礙中解
脫。一切行住坐臥都要想到因果，主要是重視父母，自己
有家畜的話也要重視，一切有情都是自己的父母，沒有不
靠眾生父母而生在輪迴之中，正所謂『今生父母與無始以
來累生累世的眾生父母，沒有絲毫差別』，這點要瞭解，
知道這之後，你們心裡要生起慈悲心，不要傷害有情父
母，要把一切有情當作父母一樣生起慈愛心，在這之上生

在歐洲奧地利的直貢噶舉派中心

起悲心。所謂的慈悲心，是要對一切有情沒分別地生起悲
心，輪迴的有情眾生本來是希求安樂，卻不知道修持善
因，本來不希求痛苦，卻不知道捨棄造作不善惡業，希求
與所做完全顛倒，顛倒愚痴，如同瞎子留在平原中央。六
道一切有情老母都是這般可悲，這樣的悲心叫做緣有情而
生之悲；生起悲心的對象是輪迴有情。要有這樣的思維，
最好的話，自己要戒葷，這是父母的肉，一切有情是自己
的父母，這是把他們殺了吃掉。再不然，每月十五三十及

初八至少要戒葷，總之要對善惡取捨分得清清楚楚。現在我們處在這樣的惡時生為佛教的弟子，就應該要行善去惡。如果我們藏人不分辨善惡取捨，那誰做啊？佛教徒中，最首要的就是藏人，我們都是佛教國土的人，懂嗎？因為過去累積福報的緣故，藏人們不管去到哪裡都不會挨餓受凍，在這樣的條件下，該想想怎樣利益佛教，怎麼利益輪迴的有情眾生，這是我們的職責，要祈請達賴喇嘛尊者，要做發願。執掌佛教的是藏人，佛教出現障礙發生在具有佛法的藏地，之後藏人流亡在各地，現在想起來，唉啊，我們失去家園，本來在有佛法的西藏中，要法有法，要財有財，要受用有受用，我們上半輩子有這樣的果報，現在我們要好好想想，願佛教興盛，輪迴一切有情不墮惡趣，世界和平，尤其願具佛法的西藏得到自由，得到人權，得到民主之道。這些不需要我們去發願嗎？若空度一生，死了之後會遭到多少苦？現在自己有能力，從文化上說，出生在父母皆是藏人的地方，是有福報與自由的後代吧，所謂『無暇由衷思無常』，沒時間長久在這世間，要由衷深切地思維無常，瑪尼不是一下子就能唸誦很多，是要從小開始唸，到老的時候就累積很多次數了；不管做了什麼善惡業都丟不掉，不會消失，這些道理要懂，大家都小看了，以為只會唸瑪尼，什麼都不懂，這是無知的緣故。瑪尼很珍貴，請好好唸誦瑪尼，要守護自己民族的文化，尤其對佛法要有信心。」如是開示了常祈請達賴喇嘛尊者長久住世，累積唸誦瑪尼的次數等法語。當天累積了

十一萬遍的瑪尼與蓮師心咒。

「悅意持法」中心的功德主與會員們都是外國人，因此仁波切問他們：「你們學過什麼，修過什麼？」

他們回答正在入菩薩行與一些顯宗內容，仁波切說：「很好，現在有什麼問題？」

中心的弟子提出一些顯宗方面的問題後，仁波切說：「在我還沒回答之前，先問問你們，什麼叫做『皈依』？」在場的弟子好像不懂似的，沒有人針對問題來回答，仁波切非常生氣地大罵他們，當時他們請來做翻譯的一個格西也一同挨罵。

仁波切說：「我們佛教徒不做皈依什麼也學不了，要好好守護皈依的學處與皈依的戒律。」同時開示了皈依

仁波切到歐洲瑞典

的內容、在家人應做的佛法，死亡無常、重視因果等等之後，要他們唸誦瑪尼。

又說：「比這個更殊勝的佛法，就如同白天的星星一樣難以辨認，大家要珍惜時間好好唸誦瑪尼，這是我的教授也是我的期望，真正的悲心。」當天累積瑪尼次數超過十萬遍。」

六月八日前往瑞典，當地中心準備了一場討論會，人們與仁波切有些問答。

問：「仁波切經過很長時間的修行之後來到海外，心中有什麼想法？」

仁波切答：「社會進步很大，覺得這些都是迷惑。」

問：「仁波切可以說說解脫輪迴這方面嗎？」

仁波切答：「我沒有從輪迴解脫，我不像你們一樣，我不懂科學。」

問：「我們外國人有很多迷惑，這方面仁波切可以說說嗎？」

仁波切答：「你們工作很多這不是迷惑，迷惑的是『我』，我迷惑之後東跑西跑。」

問：「若要利益自己，必須對他人慈悲，這是不是很重要？」

仁波切答：「這是今天我做了一個工作，同時要發願利益一切有情，這樣子做了工作，一切有情就會很快得到進步，我們來這時不需要走路來，飛機各種機械等都對人們有利，同樣地我們也能受利。」

在拉脫維亞共修瑪尼

　　問：「仁波切很多年沒出國，現在出國主要的原因是什麼？」

　　仁波切答：「我爲發起瑪尼唸誦而出國。」

　　問：「大家都唸瑪尼有什麼利益？」

　　仁波切答：「這很好，六字眞言就是本初聖者身，還沒死之前，當下是看不到的。」

　　問：「六字眞言是什麼？」

　　仁波切答：「是觀世音。」

　　問：「有時候嫉妒等煩惱很強烈時，唸瑪尼有用嗎？

　　仁波切答：「當然有用，觀世音的心咒不管做什麼去哪裡都有用。」

　　問：「像這樣的五濁惡時能改變嗎？大家都唸瑪尼能改變嗎？」

　　仁波切答：「很多人死、有飢荒、戰爭，可以說這樣的時代就是五濁惡時，唸誦瑪尼會有用的。」

問：「佛教徒與外道唸瑪尼有差別嗎？」

仁波切答：「皈依之後進入佛教是最好的，如果不能，外道唸誦瑪尼也有用，主要是心，我常常唸誦瑪尼發願能利益太陽底下的所有有情，願他們往生極樂淨土。」

問：「仁波切，我還沒來這裡之前，聽說必須要吃素，請說一說這方面。」

仁波切答：「殺有情吃肉是罪業，是傷害有情的業，造殺業之後，還會覺得肉很香嗎？」

問：「如法修持很難，因此若不害他，是否有利？」

仁波切答：「很好，心裡這樣想很好，世間人很難修很多法。」

問：「對這地方的人有什麼要教導的嗎？」

仁波切答：「要按照達賴喇嘛尊者所說的去做，不然我說的你們不能懂，如意寶都說過什麼？」

問：「如意寶說不可害他。」

仁波切答：「就是這樣，很好，如意寶是觀世音，善心是最主要的。」

討論會完成以後，大眾一同唸誦瑪尼與蓮師心咒後圓滿結束。

九日前往愛沙尼亞。在機場有中心工作人員彼德迎接，中心準備了大海附近的一個大房子辦法會，在那裡有一百五十人左右參加，仁波切也做了開示：

「因為業與因緣及發願，這次在這裡有了盛大的共修，這是非常好的，在這裡有各色各樣的人，有佛教徒也

有外道，但是大家都是有信心、有勝解、帶著恭敬而來到這中心裡，如果沒有信心與勝解，就不會聚在這裡，聚在佛教中心裡是好事情，今天晚上先唸前行，今晚是排位子，明天開始累積瑪尼與蓮師心咒，今晚一切的前行都要做完，這有很大的利益，好好做共修，包含前行正行結行，前行要先唸誦，就像今晚的排位子，然後要累積皈依的次數，前行之中，皈依是最關鍵的，得以稱爲佛教徒，就是因爲皈依，皈依了，就是佛教徒，沒皈依，就是外道，所謂『佛教外道分別在皈依』，皈依的內容是什麼呢？是皈依三寶，所謂『不忘記三寶爲皈依處』，任何時間，既爲佛教弟子，都要向三寶祈請，向三寶祈請是無欺的，誰無欺呢？所謂『無欺無欺三寶無所欺，真實真實因果理真實』，這裡頭說沒有比因果更真實的，自己要唸經修任何善法，一開始都要做皈依，因爲我們是佛教徒吧，然後再修善就會很好，同時還需要發心，這些稱爲「皈依發心」，對皈依境祈請，還要好好發心，要怎麼做呢？要唸誦：『我與量等虛空，如母一切有情，直至成就菩提』，意思是一切有情未得佛果之前要皈依三寶，然後繼續唸：『皈依具恩根本與傳承正等上師眾，皈依本尊壇城聖眾，皈依佛陀博迦梵，皈依正等法，皈依賢聖僧，皈依勇士空行具誓護法具本慧眼等眾』。對皈依境三寶祈請，而輪迴的一切有情眾生是自己的父母，今生的父母，與無始輪迴以來所依止的父母沒有絲毫差別，在輪迴中，人人一個一個死去，又一個一個誕生，在輪迴裡，要依靠眾生

竹旺仁坡切法相（攝於台灣內湖）

竹旺仁波切在歐洲

我們才能存在，會隨著業力而走吧，這些痛苦的果實，都
是隨著業力而產生苦果，我們在輪迴吧，在輪迴就要依靠
眾生為父母。皈依裡已有發心，我們是佛教徒，要發廣大
的心，所謂：『願一切有情得安樂，一切有情遠離痛苦，
願一切有情安住遠離親疏愛憎的平等捨』，做完皈依發心
之後，那我們大家都該做什麼，都該修什麼，都該斷除什
麼呢？不要藐視輪迴有情的因果，要坦然接受，善惡取捨
要分清楚，要行善去惡，輪迴的推動者，是依於因果而轉
動吧，因為累積善行而有安樂的果，累積惡行而有痛苦的
果，就是這兩項推動著輪迴，知道以後，對於善要多修一
些，你們現在都有能力吧，對於惡要多少斷除一些，在佛
教甘珠爾與丹珠爾等大藏經中有無數的教授訣竅，這一切
輪迴的有情眾生能都瞭解嗎？不能的，這一切的精華都總
攝在六字真言裡，這是輪迴中該修的法，要實修的法是瑪
尼，輪迴的有情若能好好修持，就能阻擋投生六道之門，

這是至關重要的，若好好唸誦六字眞言，就不會生在輪迴苦海之中，那會去哪裡呢？十方有無量無邊的淨土，會去到那些淨土中，六字眞言是四臂觀音，祈請四臂觀音，六字眞言就是觀世音，若能唸誦六字眞言，就得到了一條解脫道，是輪迴應修的法，任何時間都要努力唸瑪尼，前半生唸瑪尼，後半生唸瑪尼，願不浪費人生從輪迴中得到解脫，應該這樣唸誦瑪尼，要改變愛說沒有意義與貪瞋的話，然後自己平常行走與工作時，嘴巴有空時要唸瑪尼，瑪尼是要自己努力唸，擴大瑪尼的唸誦的話，會不可思議，一切法的精華是瑪尼，若能唸誦的話，就能脫離六道。在前行中，皈依是佛教徒最首要的，沒有比皈依更首要的，因此唸誦皈依文時，也要發願佛教興盛，輪迴一切有情都是自己父母，願他們不墮入惡趣，要這樣做發願，如此之外還有很多，但是輪迴有情很難做得到，如果佛教興盛的話，我們可以修很多善吧，這是皈依扼要的意思。瑪尼是輪迴一切有情應修的法，這個應該瞭解，本來一切有情心續之中就有瑪尼，我們得到暇滿人身時就該唸誦瑪尼，其他生命不懂唸誦，其他生命心續之中有六字眞言的種子習氣，但是這一生不不懂得唸誦，有這樣的差別，因此，就算是外道，也都具有這瑪尼解脫的種子，要唸這個，有很大幫助。我不管去哪裡，都要求大家不吃肉，我們都是佛教徒，肉不可以吃，如果不能戒除吃肉的話，每月十五三十與初八要吃素，這樣很好，你們都是佛教徒，不吃肉的話很好，今晚好好想想，明天回答我，肉眞的罪

惡很大，不要吃肉。」

那次法會三天之中累積唸誦瑪尼二十萬遍，蓮師心咒二十一萬遍。

十一日從拉脫維亞來的迎接者色噶、拉娜，還有一個小孩，帶仁波切坐船到拉脫維亞首都，他們在一個「Gau ya the river」林園辦法會，在那裡仁波切開示瑪尼的功德，並唸誦瑪尼與蓮師心咒各十一萬遍。

當日再從RIGA回到瑞典，在那裡的文殊林援藏中心大堂中累積唸誦瑪尼與蓮師心咒，當天有三百多人參加，那次發誓完全戒肉吃素的人非常多。

十四日在瑞典援藏中心準備的大禮堂中，對各中心的負責人與民眾開示：

「首先要做一個好的發願，願佛教興盛長久住世。大家都是佛教徒，若問一切佛法取決於何處？取決在自心，佛法由自心決定，心好的話，佛法就會好；心壞的話，就很難吸收佛法。現在我們都對佛法有信心且恭敬，因此來到這裡，這樣很好，將自己身語意三門放清淨來聽法，用耳朵好好聽法，用心好好記住，一切行住坐臥的威儀都很好的話，佛法也會非常好，這是很好的緣分，現在五濁惡世佛教團體有很多人，這是崇信佛教的表徵，非常好。

「所謂的佛教徒，要知道得到這名字的來源，佛教裡有很多法，甘珠爾與丹珠爾無量無數，這些佛法，輪迴的有情都能懂嗎？不能。佛法的精髓最簡單最方便的精華就是所謂的皈依；得到『佛教徒』的來源，就是皈依佛法僧

三寶，有皈依，是佛教徒，無皈依，是外道；佛教與外道以皈依分別，過去有很多祖師來到這裡給予教授、口傳、訣竅等等，所以大家不可能不懂，但是我們很多做不到。佛法的最重要的精華是什麼呢？就是皈依三寶，三寶是佛寶、法寶、僧寶三個。三寶是本來俱全的，並非新造，要認知這些很難，如來藏本即自有，所謂一切有情皆是佛，雖是如此，要認定也很難。自己以清淨心修任何善，首先要認定三寶，若是一天之中修了善，早上要先做三次皈依。很多上師都來過這裡，做了很多開示吧，以後還有很多上師會來，這三寶要好好認識；祈請三寶，自己無論修什麼，祈請三寶是無欺的，所謂『無欺無欺三寶無所欺，真實真實因果理真實』。這個最主要的法，是輪迴的人應學的法，輪迴有情對於因果要好好計算，不可以蔑視因果。

「以三寶為皈依對象，自己無論做善業惡業都決定於因果，因果是最主要的，自己對於前世來世，要認知前世來世的父母，所謂『父母』，是恩人，三寶與父母沒有差別，要知道父母是恩人，知道之後我們得到的這個暇滿人身，是父母很辛苦而生養的，要感受到這個恩惠，如果報答父母恩，就是計算因果的第一步。在輪迴之中如果不計算因果，則無路可走，如果好好計算因果的話，會往上走，你們都是佛教徒吧，如果不是佛教徒，做了佛教徒之後真的有不可思議的功德，你們之前應該遇過很多上師來宣說善惡取捨的法，因此皈依三寶之後，要承諾什麼？佛

教徒中，具有十八暇滿的人就像白天的星星一般只有一兩個，其中生在佛教家庭的就更稀有了，既生得如此，應當做何饒益呢？應當祈請三寶，唸誦皈依文，心不捨棄三寶；眞實無欺的，就是三寶。

「輪迴中息息相連的一切有情都是我們的父母，所謂的有情是一個總稱，地下地上天上一切息息相連的，都是有情，這些有情都是自己的父母，是沉淪在六道輪迴裡，沒有不以其他有情爲父母而沉淪在輪迴之中的，『我與量等虛空如母一切有情，十方三時一切如來一切身語意功德事業之體性，八萬四千法門之所源，一切賢聖僧之權主，皈依具恩根本與傳承具德上師眾，皈依本尊壇城諸聖眾，皈依如來博迦梵，皈依正等法，皈依賢聖僧，皈依勇士空行具誓護法等具本慧眼者。』要安置一切有情於佛果，要做不對有情有害之事，要捨棄對有情的傷害，要和有情和睦，要想著如何讓有情獲得安樂，然後在自己心中生起慈心、悲心、菩提心，過去不懂一切有情是自己的父母吧，若知道了一切有情是自己父母，就不該傷害他們，我現在沒有講很多的學問，但是簡單扼要來說，你們有想利益眾生的善心嗎？（當下弟子們回答：有。）很好！我們沒得到的就是這個，有這樣的善心，那知道因果業力嗎？（弟子們又回答：知道。）知道因果的取捨非常好！這樣的話，要做什麼善業，要斷除什麼惡業，要好好區分善惡吧，在這之中只有兩條路，一是往上，一是往下，善惡因果各自成苦樂，我們世間人不需要懂太多，春天的時候播下善惡的

種子，就會成熟善惡的果實，計算因果業力的對象是輪迴的有情，要與人們互相和睦與尊重，不該不計因果得失屠殺、販賣牲畜，尤其更不該吃肉，所謂『不食肉等等，此為害眾生，恆常不應做，恆不棄三寶』。殺有情吃肉的人，吃魚肉豬肉的人，吃雞蛋的人，吃的這些都是我們的父母，喔這些肉不該吃，會讓我們捨棄三寶的，三寶與父母無二無別吧，我們是佛教徒吧，要唸皈依文，要修不可思議善，以前沉淪在輪迴裡，是會吃點肉，以後要長記性吧，現在要予以改正，必須改變，若是一個能夠好好區分善惡的人，一個能夠把有情當作自己父母的人，會有不可思議的功德，以此能利益佛教，也能利益六道有情、世界和平，對一切都有不可思議大利益，所以請大家能記住。我去過各個地方，有些人問我：『為什麼佛教徒吃肉？』這問題很為難，因為佛教徒不應該吃父母眾生的肉，因此人們才這樣質疑。年紀大的人應該戒肉，年紀輕的恐怕很難做到，人分上中下三等，上等的人不該吃肉，到死的時候，累積的惡業會造成什麼結果？所以要自己管好自己的心戒肉；中等的人要在好日子，如八日、十五日、三十日、十日等等戒肉；下等的人若不能戒肉，應該在吃肉之前唸些瑪尼，對肉吹氣之後才吃，自己死時不會墮落三惡趣，吃肉這件事真的是很大很大的惡業。」

　　十六日適逢達賴喇嘛尊者抵達瑞典，因此仁波切前去拜見達賴喇嘛尊者，達賴喇嘛尊者祈請說：「因為您的廣大悲心與恩澤，所以做了很好的利他，還請繼續為了一切

有情發願且住世百劫。」

十七日翻譯者羅追與丹珮都從Stockholm回去了，因此僅剩師徒兩人飛往加拿大，在機場有札西多嘉與格卻兩人接機，把仁波切接到家裡住。

二十日在首都附近的Metho Hall舉辦法會，仁波切為大眾講解灑淨與瑪尼的功德之後大家累積唸誦瑪尼，同樣地，二十一日在Toronto市中心的基督堂共修瑪尼與蓮師心咒，之後到一位寧瑪派的上師索南仁欽的中心裡開光，在加拿大的事業圓滿之後，仁波切於二十三日前往美國時，翻譯者札西多嘉也一同前往，首先到安陽仁波切的阿彌陀佛中心給予三天的開示並共修瑪尼與阿彌陀佛心咒。

二十五日前往Boston，由直貢禪修中心會長與直貢貢覺貝桑等人接機，在寶吉祥中心給予開示並共修瑪尼、蓮師心咒、阿彌陀佛心咒等共三天。

二十八日早上前往New York，途中經過噶瑪噶舉祖寺的堪布卡特仁波切與帕多活佛二人的中心，當日中午在那用餐發願後下午抵達New York。

二十九日在Flushing Sheration Hotel大飯店裡共修瑪尼八小時，總共累積十五萬遍瑪尼，當時參加瑪尼的多為漢族弟子，當天漢族弟子們供養的紅包非常多，因此仁波切對我和札西多嘉兩人教誨說：「你們兩人要仔細計算錢，這些都是想消災而供養的，你們兩人要發心清淨、手腳乾淨，就像別人說的：把一塊錢當兩塊錢使。我們對於這些收入不可以浪費。」

與三位秘書及翻譯札西多嘉在美國聯合國前合影

　　三十日前往乃瓊中心為弟子開示並共修瑪尼，下午在乃瓊中心準備的西藏屋，與兩百多人一起共修，在那裡給予開示並共修瑪尼，當時局長也到來，晚上住在乃瓊中心，當我們都睡著幾小時之後，仁波切突然喊醒我，對我說：「你什麼也沒看到嗎？」我仔細地看了一下四方，什麼也沒見著，因此對仁波切說：「什麼也沒見著。」

　　仁波切說：「房子裡都是水沒見著嗎？」

　　我說：「沒見著。」

　　仁波切說：「你沒見到就算了，睡吧睡吧。」

　　三十一日竹旺仁波切與朗欽加布仁波切，以及京俄仁波切，經由蘇媽媽認識的聯合國秘書的介紹，去參觀聯合國會議廳，在會議廳裡，有地方討論室以及六大國裁判處等諸多會議室，當我們一一參觀時，仁波切在六大國裁判處花了很長時間發願西藏快點消弭障礙，又去參觀了二次

大戰時原子彈的威力與影響，中午在聯合國用餐之後前往
岡波巴中心，隔日（七月一日）在中心裡開示與共修瑪尼與
蓮師心咒，之後前往博物館去看密勒日巴傳的經書等一共
停留了三天。

　七月三日前往大乘中心，當晚住在中心，四日早上在
某個公園做開示與共修瑪尼，之後放生魚與蝴蝶，當日有
兩百餘人，仁波切開示說：

「今天來做放生，對於眾生有無邊的利益，最初舉
辦者，中間做事者，最後參與放生者，上對佛教有益，下
對有情有利，對世界和平亦有利，若想到放生的功德與善
根，對一切有情都有利益，今天對魚等放生時，要好好做
發願，上對佛教，下對有情，世界和平，達賴喇嘛尊者長

與京俄仁波切、朗欽加布仁波切在美國聯合國前

到堪千貢覺嘉稱仁波切的中心直貢禪修中心

壽無障等等，要以清淨殊勝之心，發不可思議之願，放生之後要生起慈心、悲心、菩提心，現在五濁惡時，大多是殺生吃肉、販賣眾生，很少人做放生，今天你們做了放生，能讓一切不可思議的眾生心續獲得利益，今天我們要發願，一切有情眾生都是我們父母，今天放生了一切父母，放生的善不可思議，我到美國以後，今天做了不可思議的利他善行，心裡非常歡喜，我也要以清淨殊勝之心發願，今天是為了世界和平而放生……。」

　　仁波切接下來解釋了和平的意義，對於放生魚等等，仁波切感覺非常歡喜，但是晚上回到中心時，從臥房的樓梯上跌倒了，一隻腳指甲斷了，流出很多的血，我們詢問仁波切要不要看醫生，仁波切說：「今天做了很大的善行，所以出現了障礙，不需要擔心。」

　　五日搬到嘉日仁波切的地方，兩人對西藏問題與美國藏民的生活等聊到晚上很晚。

六日前往Maryland直貢噶舉堪千仁波切的西藏禪修中心，一開始，堪千仁波切說：

「竹旺仁波切貢覺諾布是證得輪涅萬有究竟大手印實相法身勝地的大自在瑜伽士，為了在西方國家，尤其是在美國弘法利生而來，具有很大的恩德，在這個五濁惡時，一切有情煩惱粗重，嘗受著總別無邊的痛苦，此刻作為一切眾生的引導，並令當下一切有情暫得歇息，具有無量偉大菩薩行持的大菩薩能到來這裡，我們深表誠摯的謝意，並願此後輪迴未空之前，為饒益一切有情，請百劫長久住世，尤其我們雖然獲得暇滿人身寶，並有機緣穿上僧袍進入佛門之中，卻由於自身俱生與串習二種功德的匱乏，沒有辦法在宣說取捨上有任何幫助，不過出於個人希求之故，挾著佛教弟子的名稱度過了這一生，所以在此代表大眾，為慈悲一切有情之故，宣說取捨之道。」

　　竹旺仁波切說：「所謂的佛教徒，取決在於皈依，若有皈依，就是佛教徒，若無皈依，就是外道，佛教與外道的分別為皈依。皈依裡，有不可思議的三寶，在這些不可思議之中，像這樣好的中心，有堪千仁波切的辛勞，要用多少辛勞，忍受多少艱辛這是很明顯可以看得見的，在教言與教授裡也這麼開示著：佛教之中，越深奧的法其魔擾也越深，掌握珍貴佛法之人常受傷害，具足性相的上師，在道上不染過失的上師，在五濁惡時是非常非常難得的，現在佛教裡，我們能遇上像這樣好的掌握法教的人，這樣好的中心，要好好地深刻想想，為了利益佛教，應該

不顧艱難，承擔責任，放下身體與性命，咬緊牙根、勒緊褲帶地讓中心發展進步，這些不可思議從先前一直持續到當下，至尊密勒日巴堅持禁行與苦修，同樣地，具德那若巴，『堪忍痛苦具德那若巴，具緣您心中如是行』，唯有這般心思，我們千萬不要想著不要有中心等等這些想法，像這樣五濁惡時的年代，要圓滿護持佛教，一定會遇上障礙，這樣唯有利益，不會有害，要觀修安忍，這樣利益眾生會不可思議，利益眾生沒有比這更殊勝的，以前我們雪域佛教發生了什麼，上師善知識發生了什麼，輪迴有情眾生有這樣的痛苦，這些都只是佛教的障礙，並不是佛教已經結束了，當前五濁惡時復興佛教的時刻，守護佛教的人會出現些許障礙，但是要像經書所說的「願成無量功德，願住無量行持」去做。一點也不要想自己這樣就夠了，當前弘法之人一定有障礙，對於這些障礙，訣竅是怎麼說的呢？『消滅敵方非勇士，戰勝煩惱是勇士』，對這些煩惱的障礙要修安忍，我們薩迦、格魯、噶舉、寧瑪派的弘法者，要多方團結，多想辦法如何令佛教越來越興盛，若能如此，功德將會非常廣大。三寶真實無欺，因果真實無欺，譬如我將近八十歲了，還是想盡辦法，辛辛苦苦從以前到現在給別人一點能力，累積一點瑪尼、蓮師心咒、皈依等，想著或許對於佛教會有幫助。

「由於堪千仁波切您的恩惠，這個中心的規矩、課誦各方面看來都是很有功德的學習，真的非常感謝，我不管到任何中心，都有中心不合的問題，所以我請求大家，

到美國噶爾寺時，噶千仁波切前來迎接

　　拜託，所有中心要和睦，互相修安忍，心裡要想著佛教。一切有情眾生的心裡要對上師恭敬、勝解、有信心，為令上師加持進入心中，必須要有恭敬心，而且必須持續不間斷，並非時有時無，一切利益今生來世的善根之中，沒有比這個更殊勝的了，任何時刻都必須對上師恭敬信解，令今生來世一切的皈依處在心中種下習氣，這些你們懂嗎？現在不會懂，死後全部都會看得見的。

　　「堪千貢覺嘉燦這樣的上師，在佛學院裡是不可多得的，主要是這樣持戒圓滿的上師非常難得，所以上師在的時候要好好求法，最主要是好好遵守誓言……。」

　　當時有一弟子獻給仁波切一張觀世音的像，仁波切說今天緣起非常殊勝，心裡非常歡喜。

　　八日共修瑪尼時，仁波切又開示：「你們有這樣殊勝的上師，一定要做一個不一般的中心，上師不吃肉，弟子也該從今天起戒葷腥。」等等說了很多吃素的功德，當天

噶爾寺落成典禮時，獻緣起哈達

有六十多弟子，都發誓吃素了。

　　九日共修蓮師心咒，所有弟子都發誓吃素，因此仁波切非常歡喜而給予了岡波巴四法的口傳。

　　十日前往Arizona噶千仁波切中心，十一日早上九點開始舉行Arizona噶爾寺落成典禮，之後給建寺人員贈禮，寺院向竹旺仁波切獻曼達請求常久住世，竹旺仁波切獻給噶千仁波切一個大水晶，也祝願噶千仁波住世百劫，噶千仁波切過去吃不是人殺的、自然死亡的肉，但是竹旺仁波切說：「就您自身方面吃肉可以，但是為了方便調伏有煩惱心的有情眾生，您完全不吃肉的話比較好。」

　　噶千仁波切說：「是，是，從今天起我不吃肉。」

　　當天下午噶千仁波切傳尊勝佛母、綠度母、金剛薩埵灌頂，晚上噶千仁波切給大眾開示說：「別人有功德也有過失，我們要常注意功德，學習清淨觀，如果不學清淨觀，自己會吃虧的，不僅如此，對於地水火風等如果也觀

成本尊的話，一定會有很大的利益，如果好好觀察非人畜生的環境，就會知道人間這個環境就是極樂淨土。」

十二日在寺院共修瑪尼，下午舉行召福儀式，當時仁波切說：「我已解脫遍計煩惱，但是沒有擺脫俱生的煩惱習氣，今天我看到別人穿著一個特別殊勝的服飾。」

十四日竹旺仁波切為噶千仁波切傳授正法一意整經口傳，並宣講道歌，總共在噶千寺中住了五天。

十六日前往拉達克上師的禪定佛學會，藏曆四月十五日整天共修瑪尼與開示，下午仁波切給予皈依與三身口傳，同時中心修上師薈供時，向仁波切獻曼達請求長久住世。仁波切說：「來到美國的期間所收的紅包袋，與回向者的名牌，必須他親自燒掉，留下的灰燼包在紅包袋裡丟入大海。」

隔天便前往太平洋。將先前燒的名牌等灰燼丟入大海並發願，總共在中心停留了四天，在美國的活動完全結束以後，前往加拿大，住在直貢弟子曲諄家中休息三天以後二十三日前往印度。

仁波切在加拿大與美國的這段期間，信眾弟子與中心供養的錢，全部透過堪千貢覺嘉燦帶到強久林寺，當時翻譯扎西多嘉與我共三人在場，寫了兩份字據，一份交給竹旺仁波切，一切由堪千仁波切保存，而歐洲的收入也由瑞典藏人互助會會長索南與羅卓喇嘛，以及翻譯丹佩堪布與我等人一起，寫了字據透過羅卓喇嘛帶去強久林寺。總

之，仁波切得到的供養，一分也不保留，帳目清清楚楚地交到寺院手中，當時仁波切說：「我交不交給別人，不是口頭上答應就算了，實實在在地把錢送到才是我的本分，而且這些錢都是那些信眾想消除痛苦與困難而供養的，若把這些供養給佛教與僧眾面前，是我們用一份財累積了兩份資糧，得到了無數的功德。」

　　2000年九月，仁波切再次前往台灣，當時高雄中心的身語意所依，皆依照竹旺仁波切的吩咐請購，同時裝藏物品也是仁波切特意親手所做，並請拉達克閉關上師丹增裝藏等圓滿完成，九月二十一日舉行開光儀式之後，仁波切說：「將來這個中心只修誦三身儀軌，不需要共修其他各種佛事，使三身儀軌修持不斷。」如是做了甚深的指示。

　　有時有些人請問仁波切什麼是空性，仁波切說：「空性不是簡簡單單就可以懂的，現在要謹慎於因果，對因果小心翼翼的話，因果升起為空性之後就懂得空性了，要唸瑪尼。」

　　無論到何處，仁波切都勸人持誦瑪尼。又說：「瑪尼是一切諸佛慈愛的總集咒語，掌握要訣的話，對有情會自然地升起悲心，因為重視因果之故，噶舉的祖師們，尤其直貢巴吉天頌恭在耶瓊閉關洞時，面對著觀世音唐卡像，對有情眾生生起無量悲心，並流下眼淚，痲瘋病也因此痊癒，親見觀世音，而有了這瑪尼語旨的傳承，各寺院也是每年舉辦這瑪尼法會共修，巴瓊仁波切曾經對我說：

『若以觀世音爲本尊，悲心將會增長，你的本尊是觀世音。』」

竹旺仁波切自己也是悲心的大德，到哪裡都要求戒肉戒酒，對信眾們，他都舉起拇指來請求說：「拜託你們不要吃肉。」

2001年一月十八日，堪千仁波切從海外回到強久林寺，當日下午，法王、堪千仁波切、楚旺長老、曲尼長老、普瓊秘書、諾布侍者等人聚集開會，將先前前往台灣、歐洲、美國等地，各中心與弟子供養的金錢，用在此次蛇年大法會期間，一切灌頂口傳等項目的開銷，全由竹旺仁波切爲施主供養，因此在計算金額，當時竹旺仁波切對他們說：「我去國外之後，一分錢也沒留下，爲了我們直貢的大法會做供養，現在我放心了，不然的話，由於擔心丟錢，我都多次無故指責侍者了，這些錢不用我說，本來就是用在直貢公款上，因此你們爲了法會，要怎麼用就請怎麼用。以前有一個比丘，在寺院的銅杯裡攝自己吃的食物，其報應是待在地獄的銅杯裡五百年，所以管帳的人要把我的錢用在公款上，不要浪費，這眞的很重要，因此我不得不一再強調這個重要性，希望不要介意。」

蛇年大法會的某一天，仁波切對侍者敦珠說：「現在我應該剪掉頭髮，請幫我剪了。」

侍者說：「有頭髮的話比較好。」

仁波切把閉關頭髮都丟入恆河

　　仁波切說：「你什麼都不懂，以前的人說：八日教主落髮。這個頭髮不需要，要剪掉。」

　　侍者不敢剪，跑去向寺院報告，下午回來時，仁波切自己已經把頭髮剪掉了。一般而言，在印度等熱帶地方，如果不常常洗澡，馬上就會出現臭味，但是竹旺仁波切不洗澡，厚厚的髮辮從來沒洗過，然而身上與頭髮完全沒有臭味，這是大家都知道的。

2002年德拉敦噶舉高級佛學院動土（站立者為馬來西亞功德主賀女士）

　　蛇年大法會圓滿後，有一天，仁波切與一些功德主到恆河，將之前剪下的頭髮，以及完整的衣服，還有人們為了回向發願所獻上的名牌等等，將污垢全部清除乾淨後，唸誦發願文「所有世間有情令得利……」，然後丟入恆河之中，當時有侍者敦珠與阿尼仁增，拉達克嘉燦，諾布等人在場，諾布將仁波切的頭髮偷偷留了兩份，一份呈到法王如意寶手上，一份獻給了至尊努巴貢覺丹增仁波切。

　　2002年九月二日，竹旺仁波切與努巴仁波切因應台灣高雄三身佛學會的邀請，從新加坡直接到達台灣，十九日，竹旺仁波切等人來到台中般若學院（尼眾的寺院），在那舉行觀音王規八關齋戒，有九十多人參加，首先由努巴仁波切給予觀世音灌頂，之後做八關齋戒與共修瑪尼。

在台灣天母做八關齋戒

　　十月十一日，兩位仁波切為首的僧眾們在台北天母中心舉行八關齋戒，晚上住在中心，下午努巴仁波切給予觀世音灌頂之後共修八關齋戒，當時有十一名出家眾，與二百餘信眾參加，都在中心裡住，竹旺仁波切一到天母中心，突然感到身體不適，請醫生來檢查的時候，血壓到達百分之三百，醫生非常訝異，他說若是一般的人早就死了，要求仁波切趕緊吃降血壓的藥，但是仁波切說不用吃藥，當時努巴仁波切等人非常擔心，幾個小時之後，再次檢查時，血壓恢復正常，大家都非常歡喜。

　　十一月九日至十七日，在高雄碧瑞禪寺（尼眾的寺院）舉辦三場八關齋戒，有僧眾十二人，信眾二百餘人參加，當時仁波切開示內容如下：

　　「所謂『觀照六道有情眾，遍佈虛空十一面，祈請莊嚴阿彌陀』，由他的牽引，往生西方極樂淨土親見阿彌陀佛，引導者是大悲心聖者四臂觀世音自在，他不具一絲過失與迷惑，上根者能了知本具觀世音身語意，好好明觀的話，四臂觀音本尊身就是自己，不是他人，本尊語就是瑪尼六字真言，本尊意大悲心猶如虛空一般遍覆，此身語意

2002年到台灣時，努巴仁波切與閉關上師益西仁波切

人人皆具足，自己若有本事，就能成就，這方面要好好想想，要認真不要輕易浪費，好好地來祈請觀世音，然後自己身語意要保持乾乾淨淨，所謂乾乾淨淨，就是不要隨著貪瞋痴慢疑等煩惱跑，這些都要改，改了之後不要再有這些想法，這些是妄念，這些妄念不要在心裡生起，今天是我們修觀世音的第五天，我們顯現了什麼好事，顯現了不可思議的本尊身，顯現了本尊語，現在本尊意在初階段顯現不了，現在這些顯現，大家能得到清淨，身語意三門乾乾淨淨地，然後請好好地、清清楚楚地唸誦瑪尼，好好地唸啊，之後好好發願，以報答父母恩。六道有情眾生無一不是自己的父母，願報答他們一切的恩惠，認定遍滿虛空一切有情都是自己累世父母，而發願他們都脫離惡趣，願他們不墮惡趣，願一切惡趣都成空。如此發願之後持誦瑪

在台灣高雄完成八關齋戒以後，非常高興而特別給予觀世音灌頂

尼，就可以成就，能發揮利益，幫助到所有有情眾生，不懂瑪尼咒語的有情，數量多到不可思議吧，地底下的螻蟻蟲子不懂瑪尼，在山中的鹿等動物有多少，他們也不懂瑪尼，大海中的有情眾生有多少，他們全都不懂瑪尼，地上四隻腳兩隻腳的動物，不懂佛法不會唸瑪尼的有多少，若問這些都是我們的累生父母嗎？都是，他們都被客塵垢染所遮蔽，要在輪迴中嘗受生死流轉吧，現在值遇這樣好的瑪尼咒語，為了能夠自利利他，懷著增上意樂之心，不要怕這麼一點辛苦，為了我們自他的安樂，現在應該修一點點苦行，現在不能吃一點點的苦，以後就更難了，肚子要能挨餓，身體要能受累，心要能用心，然後持誦瑪尼，之

後發願，這樣能清淨罪障，沒有清不乾淨的罪障，這些只是一時的客塵，不該有的想法在心中生起而光打妄想，這樣做著就成為障礙了，這樣不好，一點也不要這樣做啊，要認真啊，此刻就像在海上獲得至寶，能擁有像現在這樣的時刻是非常非常難的，不會有像瑪尼這樣的精要法了，如果沒有這個，哪裡能夠脫離輪迴，脫離不了的，現在每個人心中都有了這個瑪尼作為解脫的種子了吧，果實會成熟的，因果是真實不虛的，好好唸瑪尼，好好發願，這樣對自己會有幫助，對其他有情也會有幫助有利益，要的就是這個，現在我們得到暇滿的人身，就像白天的星星一樣稀有，所以說不可以浪費，把這些記在心裡，然後吃苦唸瑪尼。心保持清淨，現在不要亂想，心乾乾淨淨地，在當下專心地祈請觀世音，發願解脫輪迴，願閉六道輪迴之門，請悲心加持攝受。還有如果知道了輪迴的過患，要懺悔過去所做一切惡業，現在我們想不起無始的時候吧，也不知道吧，但是今生做了什麼、沒做什麼都能想起來吧，要在心中好好地回憶，小的時候造了什麼惡業，現在中年做了什麼，造了什麼業，對父母怎麼樣，對妻子鄰居鄉里鄉親怎麼樣，怎麼對待佛教、上師、僧伽，這些事情自己都能想得到吧，喔，將這些在心中浮現出來並懺悔，要想著現在不清淨罪障的話，我死後會報應的，生起懊悔心，懺悔心，願以此瑪尼精華獲得清淨，當下所造一切過患願得清淨，願罪障清淨，願墮罪清淨。這樣子自己的障礙會清淨，客塵會得清淨，這些要記起來，今天是第五天，這

是我給的獎勵。」

當時是仁波切到台灣之後第一次給予灌頂，之前都是由努巴仁波切灌頂並給予灌頂開示，雖然曾經請求仁波切灌頂，但是都不獲准，因此只是把食子放在仁波切面前，對信眾們灌頂，仁波切沒有實際拿著食子為大家灌頂，當天仁波切非常高興，在灌頂時，看到侍者做灌頂儀式時有錯誤，仁波切說：「不是那樣，是這樣。」對於灌頂次第瞭解非常細緻地做灌頂，功德主請求破瓦法，仁波切也為所有做八關齋戒的人傳破瓦法，最後做的開示如下：

「法會雖然結束了，但是八關齋戒沒有結束的一天，不要讓身語意三門染污啊，請保持三個星期身語意乾乾淨淨，要不斷發願希望從輪迴解脫，不斷發願希望清淨煩惱障，內在能知的意識雖然習慣造作煩惱障等等，但是如果不清淨的話，自心即佛一直被障礙著，所謂的障礙、障礙，就是煩惱，外在所知法的障礙，無始以來至今一直作障，對彼產生二種我執之後不放，這是一切的根本，正所謂『加持眾生破我執』，此中留下了造作貪瞋的業，貪愛己方，瞋忿他方，此二者所造的惡業過患，由我執作為他們的主人，這一切可以因破我執的介紹而獲得清淨，這個並不容易，我們身語意要清清淨淨地發願，不可以離開此修持，三個星期有多久，一下子就過了，雖然法會結束了，也不要東想西想，不要浪費掉這修持，要維持清淨，要好好地做打掃，這樣子身語意好好地維持三個星期的清淨，就會不可思議地恢復清淨，這些我們能感受，你們感

圓滿瑪尼法會後，向大家致謝

覺不到，三個星期中，你所修的善會增長，一切過患墮罪障礙都會減輕，能這樣子長時間清淨自心，祖師們說：『在家人也能做菩薩。』又說：『做了菩薩之後退轉的也有。』這些意思要好好記住，認眞地做，現在我們得到了原本不可得的機會，不要輕易浪費啊，得到這樣圓滿的暇滿人身，然後又修持一切法要的精華，得到一切祖師們的守護，這些我深信的守護祖師們，於最初將一切加持收攝在現在所唸的瑪尼咒語之中，是出自於悲心的加持，守護的大憐憫心，也是輪迴該修的法，祖師說法太多，人們不會懂。生爲佛教徒有很多法可以修吧，但是不會懂的，這

一切的精華都總攝在瑪尼裡，這是精華，瑪尼是輪迴該修的，好好地唸瑪尼，就能解脫輪迴，能斷六道生門，若能如此，就夠了，大悲觀世音能接引我們到西方極樂淨土，在這之前我們要準備什麼？要修瑪尼，要準備的就是瑪尼，不放鬆地任何時刻都要好好地唸瑪尼。」

　　仁波切在台灣總共做了兩個多月的八關齋戒與三身名號共修，利益眾生的事業非常廣大。

　　2002年，尼泊爾成立了「直貢協會」，由努巴仁波切為主席，在購買了建寺的土地之後，請求仁波切為該地修持「整地」儀軌，仁波切說：「為了整地，必須在該處做瑪尼共修。」

　　2003年三月，台灣二十多名弟子參加松贊圖書館落成典禮之後，三月二日他們要去恆河放生魚，由竹旺仁波切與赤札仁波切帶他們到哈日獨瓦的恆河邊，由兩位仁波切發願，弟子們唸誦瑪尼後進行放生，之後竹旺仁波切將台灣等世界各地的弟子們修持瑪尼的累計卡，以及請求回向加持的弟子的名牌，先做了發願然後丟入恆河之中，下午仁波切在地吉林瑪尼共修處教導台灣的弟子，仁波切說：「藏族們怎麼唸瑪尼，漢族們怎麼唸瑪尼，要互相交流促進。」並讓他們與地吉林的老年人們一起共修瑪尼，並對共修會的會長與幹部介紹功德主吳慧玲（卓瑪央宗），仁波切說：「她會一直護持你們直到自己離開世間，我也會照

與赤札仁波切一起在恆河放生魚類

顧你們。」

　　仁波切不管做什麼事，無論大小好壞，都是穩穩當當
地，尤其一旦開了頭，就像發誓一般一定要把事情完成。

　　三月六日，松贊圖書館舉行吉祥儀式，達賴喇嘛尊者
與各教派上師等眾多顯要人士來到強久林寺，早上圖書館
開門儀式，做了簡短的開光與開示之後，下午達賴喇嘛尊
者參觀閉關中心桑顛林，離開時問到：「這不是竹旺仁波
切的住處嗎？」直接就前往竹旺仁波切的閉關房。竹旺仁
波切當天從一早就在強久林寺的會客室中與達賴喇嘛尊者
做了輕鬆且圓滿的會見。達賴喇嘛尊者是沒有任何計畫地
突然從自己住處來到這裡，但是他們兩人好像事先已經說
好的一樣，仁波切也早早地在關房外頭準備迎接他，他對
達賴喇嘛尊者說了「謝謝」之後迎入關房內，關房內有一

2003年達賴喇嘛尊者到閉關中心桑滇林

個椅子，仁波切指著說：「這是直貢法王來的時候常坐的椅子，這是我的椅子，你坐哪一個都可以。」

達賴喇嘛尊者坐在法王的位子後，仁波切說：「謝謝，請為這個關房開光加持一下。」說著獻上一條哈達。

達賴喇嘛尊者說：「先坐一下，先坐一下。」

直貢法王、達龍夏仲仁波切等人就地坐下之後，仁波切說：「我的僧院是乃瓊寺，這裡有乃瓊寺寄來的新年零食，作為緣起請饗用。」之後仁波切把弟子要供養給達賴喇嘛尊者，裝有美金的信封拿在手上，對著達賴喇嘛尊者說：「這是台灣高雄中心的弟子，他請求我代為供養您，請您接受，拜託。」仁波切把信封交到達賴喇嘛尊者手上之後說：「裡面有美金五百。」

達賴喇嘛尊者接下信封後說：「如果裡面不到五百，要找誰呢？」

仁波切說：「那就對我說吧。」

達賴喇嘛尊者聽了之後笑了。然後達賴喇嘛尊者問仁

仁波切於關房，與達賴喇嘛尊者、直貢法王、達龍夏仲仁波切合影

波切：「在這住了多少年？」

「十三年。」

達賴喇嘛尊者問：「以前就住在這裡嗎？」

竹旺仁波切說：「是的，和您一起最初到的時候就來到這裡了，之後我住在這裡，現在終於見到您了，我所有利益眾生的事業都是您的恩惠，我早上要說的就是這個，我無論去了哪裡都沒出現任何障礙逆緣，搭車搭飛機去任何地方都沒出現意外障礙，去到任何人家裡，都是順緣，我自己只會因為障礙的清淨與不清淨，偶有小病，對自己完全沒有造成大到無法利益眾生的情況，到了任何地方，利益眾生的事業是一處比一處更大，非常不可思議，這是我在今年底要以一切平等性回向的，輪迴一切有情，太陽底下遍覆的所有眾生，該修的法就是這個瑪尼，我得到過

這樣的教言：『若問什麼是輪迴該修的法？生爲佛教徒，有很多法，甘珠爾、丹珠爾、漢傳法、藏傳法，這些並非輪迴的人所能懂。』這一切的精華總攝在瑪尼之中，瑪尼是輪迴應修的法，修了好幾十萬好幾億的瑪尼之後，還要天天發願，今年尤其是我方便利益眾生之年，謝謝達賴喇嘛尊者如意寶，願您長壽，以後還會不斷見面。現在有沒有要向我開示的話？」

達賴喇嘛尊者說：「就像現在就好，願你爲了佛教與有情的利益發心，那麼以後再見。」之後開光加持關房。

達賴喇嘛尊者來到廚房之後，指著冰箱問：「這裡面有什麼？」

仁波切說：「這裡面有也好，沒有也好都是寶庫，是我的寶庫。」侍者打開冰箱之後達賴喇嘛尊者看了一眼就笑了，說：「是乾肉嗎？乾肉！」

竹旺仁波切說：「不……不吃肉的，不是乾肉。」

達賴喇嘛尊者又笑了，走出門時達賴喇嘛尊者順口說：「是豬肉。」

仁波切說：「不不不！」一邊說著一邊送行，達賴喇嘛尊者臉朝外望了望之後，跟竹旺仁波切行碰頭禮說：「留步、留步，以後再見。」又回去強久林寺了。

三月十日，竹旺仁波切從印度到尼泊爾，同行的有：松贊圖書館開光時的功德主、台灣女居士吳慧玲，以及直貢諾布與我，仁波切一方面年紀大了，另一方面印度太熱，因此我們想在尼泊爾準備住處，請求仁波切以後留在

努巴仁波切與功德主和弟子們在尼泊爾機場接機

尼泊爾，獲得仁波切的同意之後，吳慧玲居士在尼泊爾博達佛塔附近的Dinjuli買了一棟房子，命名爲「直貢噶舉常駐處」，作爲日後直貢噶舉派的師僧來到尼泊爾時，一個方便的住處。2002年至尊依怙努巴仁波切爲了在尼泊爾興建仁欽林寺，在已購得的土地上爲了整地，按照竹旺仁波切所指示「要共修億遍瑪尼」，由直貢協會籌備，在現在建好仁欽林寺的地方 nayapati，於十一日第一次共修瑪尼，當時那裡就是塊空地，沒有任何房子和寺院，裘喇嘛在寺廟附近的一戶尼泊爾人家裡借了草，搭起一個大草棚，在裡面陳設供品等等之後共修瑪尼，瑪尼的主法上師是竹旺仁波切與努巴仁波切，赤札仁波切等人帶頭，每日共修人數不少於兩百人而完成瑪尼億遍共修。

四月十日，法王蒞臨瑪尼共修，給予大眾觀世音王規灌頂，當時有噶千仁波切等活佛七人與二百餘僧眾，還有一千多民百姓來求灌頂。

四月十三日竹旺仁波切安陽仁波切邀請，從尼泊爾到南印度Byllakupee的安陽寺舉行瑪尼法會，當時侍者是我貢覺諾布以及敦珠兩人，首先到南印度Mysore的噶舉寺，本來準備休息幾天，但是仁波切說一定要在藏曆十五日舉辦瑪尼法會，所以又從噶舉寺坐九個多小時的車到達Byllakupee的安陽寺，按當時原本計畫，確定是要先修法，所以會在大殿樓上修了一個小房間，但是後來小房間沒修好，仁波切就住在一間僧房裡。當地的地方長老前來拜見仁波切說：「這個地方兩年多一點雨都沒下，老百姓們非常辛苦，請仁波切為大家發願降雨。」

仁波切說：「你們認真唸瑪尼的話，自然就會下雨

2003年尼泊爾仁欽林寺第一次舉辦瑪尼億修法會的大殿

尼泊爾仁欽林寺共修億遍瑪尼

了。」當天就下起了毛毛雨，大家都說瑜伽士很靈。

　　十六日早上，次旺長老說：「在這以前，因為寺院沒水，為了要挖地下水，鑿了兩處也沒有出水，現在又選了兩處，請前往看看能不能挖到水並做發願」。在寺院的地與其他兩處地之中，仁波切選了其他兩處的地點，然後開示：「挖的話可以出水，但是要修龍王食子與保持乾淨。」

　　下午共修瑪尼時，法會的法座太高，要踩五階的厚重梯子才能坐上去，仁波切不慎從梯子上滑倒摔跤了，作為侍者的我，和當場所有人都非常擔心仁波切身體有沒有怎樣的時候，仁波切雖然說：「沒什麼」，但是右腳的踝骨破了一個大口，深可見骨，當時沒流血，所以仁波切不讓

南印度噶舉寺幹部次旺拜見仁波切

我們看，他說：「沒關係」。又坐上法坐上繼續共修，當時我有信眾先前給的瘡藥，我在仁波切的傷口上塗抹，用一個很糟的繃帶勉強包起來，下座的時候，仁波切的腳流了很多血，下裙與內裙都是血，因此請求仁波切去醫院，仁波切說：「這是我們修持大善的障礙，一切的障礙由我平息了，現在沒有問題，不需要去醫院。」就這樣，除了用了一點台灣的草藥以外，其他什麼藥也沒用，但是最後腳傷也好了。

　　二十六日，共修瑪尼十一天後大殿上的小房間也已修好，在典禮上，仁波切帶領大眾修持上師薈供，之後仁波切搬到小房間，當天也是選好要挖地下水的日子，因此到了該處之後，仁波切與寺院僧眾一起修龍王食子與寶瓶、金飲等等，並做廣大發願，在開始挖地下水之後不到幾小時，水就冒出來了，次旺長老與寺院的幹部們，以及當時聚集的百姓們都對仁波切生起了極大的信心。那天仁波切

噶舉寺挖地下水時做發願

特別提供共修的人整天的餐食，並慈悲地做詳細的開示。晚上八點不僅降下大雨，來自北面的風雨太強，之前仁波切住的僧房，窗子都是朝北，而且沒有玻璃窗，風雨帶來的水使得僧房內外成了一片沼澤，當時寺院的僧人以及當地百姓都對仁波切生起特別的信心，紛紛說：「唉瑪，這樣稀有的場面，想做也很難做出來。」大家都高興得不得了，有些人就在雨中跳舞。

　　五月一日，瑪尼補數修完後共圓滿一億遍，寺方準備完整的華服、曼達、佛像、臥香等等供養仁波切，並請求長久住世，一切圓滿。下午甘丹寺領誦師諾桑迎請仁波切前往甘丹寺強澤大殿會面。二日前往會見住在哲蚌寺的林仁波切，兩人暢談一個多小時，之後由林仁波切的侍者引領前往哲蚌寺洛色林等大殿參觀，晚上再回

在南印度哲蚌寺與林仁波切會晤

到 Byllakupee，在噶舉寺中，由仁波切為新蓋好的僧房開光，並對僧眾做詳細開示，一切吉祥如意圓滿之後，便前往尼泊爾仁欽林寺。

六月前往修行聖地拉企雪山，去的時刻，拉企正好被漫佈的雲霧遮蔽，但是仁波切坐的飛機，所行的前方虛空，就像開了一條道路般清澈無雲霧，飛行員也說這現象很奇怪。拉企是噶舉派祖師密勒日巴最大的修行地，也是直貢派主要修行地，「三聖地之主直貢派」這句話被廣為流傳，此時由於努巴仁波切慈悲方便，很好地復興了拉企的寺院，以及山居修持法團，竹旺仁波切來到此處修持後，為當地的信眾做了開示，仁波切說，在他七天的閉關中，曾顯現稀有難得的境相，當時對信眾這樣開示：

「能夠朝拜或出生在這樣的聖地，都是很大的福報，上師知！願得聖地的加持！聖地拉企是非常殊勝的，在這

2003年在拉企聖地法團善增林為大眾開示

裡發展修行團，是努巴仁波切你利益眾生的事業，也對
佛教有很大幫助，功德不可估量，功德非常大，他們有沒
有為拉企過世的村民好好點燈？應該點燈的，近來油燈的
酥油都用其他油吧，就算不能用真的酥油點一百盞燈，僅
點一盞油燈也是有很大利益的，怎麼說呢？用畜生他們的
酥油做供養，對畜生他們也有利益，他們都很可憐，他們
是我們的父母，所以要獻一盞油燈並發願，這對功德主與
活者及亡者利益都不可思議，是修行人的話，不管生在三
界輪迴哪裡，都要能夠吃點苦，肚子要能挨餓，身體要能
受累，心要能用心，不可以肚子吃飽飽的待著，要認真，
這是大福報，一切都歸於皈依，要懂這道理，所謂『有皈

參訪拉企聖地

依是佛教徒，沒皈依是外道，佛教外道的差別在皈依』，因此外道與佛教的差別是皈依，這點要懂，非常關鍵。皈依上含一切修持與一切行善，下含慈悲輪迴有情，在自己家中點一盞燈，做些唸誦這也是皈依，這些修持不中斷很重要，皈依很珍貴，皈依文三遍五遍都可，盡力多唸，皈依是我們能不能是佛教徒的認定。然後要持誦瑪尼六字真言，救度我們出離輪迴痛苦的人是四臂觀音。瑪尼之中具足三身，同樣地，三身也在自己之中，我們也有法身，也有報身，也有化身，自己都有。持誦『嗡瑪尼叭美吽』時，觀想自己就是四臂觀音，要這樣觀想，一切漢傳法、藏傳法的精華總攝在瑪尼，正所謂『瑪尼是一切法的精

在台灣台北南港仁欽多吉仁波切所辦共修瑪尼法會

華』，自己能持誦這咒語就夠了，自己死時就不會墮入六道之中，將往生極樂淨土，三時一切佛的本尊精華就總攝在瑪尼之中，這樣珍貴的法，現在我們生在佛教之中得以遇見，自己要有強烈的信心持誦。

「虛空所覆之處，有情眾生亦在其中，輪迴有情雖然都是佛，然而因為一時客塵垢染所遮蔽，生為各類有情，深陷在痛苦的泥沼中；這些有情無一不曾是我們的累生父母，龍樹菩薩說『地土揉成棗核丸，其量不及為母數』。這些都是我們的父母，沒有任何虛假，對他們要生起慈悲心以唸誦瑪尼來利益他們。沒有比瑪尼更殊勝的法，好好持誦瑪尼的話，會從輪迴解脫，到了西方極樂世界能見到阿彌陀佛。一切祖師都說不要浪費暇滿的人身，六字真言的六個字母，是封閉六道生門的，比如少了吽字，就封不住地獄生門，因此六字真言『嗡瑪尼叭美吽』要一字不漏地持誦，這樣就會脫離輪迴，為了報答一切如母有情的恩惠要唸瑪尼、發願、觀修悲心。」

2003年在台灣為仁欽多吉仁波切發願

　　仁波切這些詳細的開示，就是「一尊勝者總集觀世音，一咒精華總集六字明，一法生圓總集菩提心，一知普解境中誦六字」的旨趣。

　　七月二十六日，竹旺仁波切應仁欽多吉仁波切的邀請，從尼泊爾到台灣，八月二日在台北台視大樓，由寶吉祥中心主辦，該中心的上師仁欽多吉，與菩曼仁波切，堪布僧眾三十多人等，以及四千多人參加整天的瑪尼共修，仁波切唸完皈依文之後這樣開示：

　　「皈依是我們佛教徒最主要的法，沒有什麼比這更要緊的了，皈依處是三寶，所謂『有皈依是佛教徒，沒皈依是外道，佛教與外道的分別在皈依』。這是祖師們的教授，對我們佛教徒來說很不可思議，僅聞其名就得利益的三寶是真實無欺的，所謂『無欺無欺三寶無所欺，真實真實因果理真實，獲得獲得惡業已獲得』。真實無欺的是三寶與因果業力，因此自己在善惡區分上，所造的一切業

都會落在自己頭上，非常不可思議，根本不必不相信。自己造善業就會成熟善果，造惡業就會成熟惡果，佛法就是在區分善惡取捨，這些說多了只是浪費時間，最需要的是什麼呢？就是唸瑪尼。過去祖師們說『瑪尼是輪迴應修的法』。我在尼泊爾自己對自己說：我自己獲得介紹的法，如果不簡要地為一切有情宣說的話，是不行的。啊火！我可以這樣說，現在我就是在利益眾生，怎麼說就是呢？輪迴的有情們好好聽啊，要記在心裡並實踐，輪迴應修的法是瑪尼，這要好好地認清楚，我們佛教中有甘珠爾、丹珠爾、漢傳法、藏傳法等很多道次第，雖然有這些，但是祖師說：『輪迴的有情不會懂。』不會懂這一切的精華都總攝在瑪尼之中，若好好體認這一點，自己唸誦瑪尼的時候，六道一切有情眾生就一個也不留的總攝在其中了，這一切有情應修之法就是瑪尼，今生父母與無始輪迴以來所依賴的父母輪迴有情眾生沒有絲毫的差別，這點要了解，這非常關鍵。你們知道今生的父母，卻不知道無始輪迴以來，沒有父母就不會出生；自己早就把過去生的父母丟棄了，忘記了，不認識了，累生累世依賴的父母有情眾生，與今生的父母一點區別也沒有，這是過去祖師們所開示，因此，唸誦瑪尼的時候，請用慈心悲心菩提心來持誦，心裡要發願：『願報答一切父母恩，願一切父母成就圓滿佛果。』這個意趣是了悟平等的最大關鍵，必須唸瑪尼，裡面有精華，有意義，不要浪費，不要胡思亂想，要以清淨的心來唸瑪尼，然後去利益有情，然後用這功德讓我們脫

2004年在倫比尼開示瑪尼

離輪迴，這在心中記好，唸誦瑪尼的意義就是這個，總之不對你們說不行，我們這次能聚一起都是有緣之人，得到不可思議的功德主護持，所以才有這次瑪尼法會，這樣的機會是非常難得的。」

　　2004年，在倫比尼舉行直貢噶舉猴年大法會，仁波切代表尼泊爾直貢協會做了一日的法會功德主，並主持亡者的開示：「倫比尼對佛教，尤其對直貢噶舉都是很重要的緣起。」等等。

　　由直貢澈贊法王為首，會見來自世界各地參加法會的人們並結下法緣。後來仁波切身體不適，出現吃不下飯等症狀，請示是否要就醫？仁波切表示不願意，他說：「我不需要任何醫療與修法。」又說：「今天我沒病。」

　　周圍的人非常擔心仁坡切的病痛，就這樣仁波切回

竹旺仁波切、噶爾企美仁波切、洛貢桑仁波切、洛旺竹仁波切在倫比尼

到直貢噶舉常駐處之後，病情比先前更爲嚴重了。仁欽林寺爲了仁波切長久住世，修了尊勝佛母千供之後，努巴仁波切、堪千仁波切、閉關上師格龍耶謝、閉關上師敦珠巴丹，印度德拉敦地吉林的村長和瑪尼共修會等人，向仁波切獻曼達請求長久住世，以此因緣，仁波切的病稍微好些了，整晚打坐入定，一點也不吃藥。仁波切說：「這個病是爲了清淨我的業障。」

仁波切說：「要把功德主吳慧玲供養的三條金磚，以及信衆供養的耳環等等一切含金的物品，全部合在一起做成一個質量好的黃金燈盞。」因此透過尼泊爾的竹巴羅卓，委託尼泊爾人打造，那個黃金燈盞，由仁波切的侍者諾布回西藏時託他帶回去，並由瓊贊法王與安公仁波切等

2004年在倫比尼開示瑪尼

拉桑仁波切與功德主吳慧玲服侍仁波切

人迎請到直貢替寺的金殿，吉天頌恭身像面前，按照仁波切先前的囑咐，要做個開封儀式，因此瓊贊法王與安公仁波切一同做了開封並做發願。

在尼泊爾休息的期間，新加坡光明山寺及弟子們一

信徒供養的黃金，鑄成供杯後將送直貢替寺

再請求仁波切於今年十二月前往主持法會，按照過去的情形，仁波切每年都會前往新加坡擔任億遍瑪尼共修的金剛上師，仁波切說：「我即便生病成這樣也肯定去，這是我的責任，也是承諾過的誓言，稍微好點就會立刻出發。」那時接到知客次旺從印度打來的電話，他說法王知道竹旺仁波切病了很久都不到醫院檢查，指示仁波切必須前往德

里一間大醫院檢查。

　　十二月十三日坐飛機到印度，當時尼泊爾機場的工作人員看到仁波切病了坐在輪椅上，特別問仁波切有沒有高血壓與心臟病，如果有的話不允許登機，我們兩人很難直接確定，所以他們又問仁波切，仁波切回答說：「沒有任何問題，我經常坐飛機去很多國家，你們根本不必擔心，我也沒這些病。」最後沒什麼麻煩進到商務艙裡，當飛機越飛越高時，我們兩人變得非常焦慮，身體這麼虛弱，當飛機越飛越高時，會不會有缺氧的情形，很多人也很焦慮，因此我們兩人也一點都不放心，一再請問仁波切身體怎麼樣，仁波切就像平常一樣地回答說身體沒問題，即便如此，我們卻不敢放鬆，不斷地按摩仁波切手腳，抵達印度機場時，次旺、楚稱格樂兩人開著阿尼寺買菜的紅色車子來接仁波切，仁波切只要死不了、不餓著、不冷著就可以的真實修行者，因此不願與眾不同，不會因為跟他人一樣而不高興，尤其根本不允許公眾財物被挪做私用，對他人常常這樣教導，自己也身體力行，因此高高興興地坐上車，車子裡的椅子特別差，司機技術又不好，顛簸很大，但是仁波切顯得很高興，當時仁波切說：「平常待在寺裡，墊子又柔軟又厚實，不想起身，去到外頭時就遇到困難了，你們現在年紀輕輕就養成壞毛病的話，就會像我一樣遇上困難，現在起要知道怎麼走路怎麼坐。」只是給予我們開示，一點也沒喊辛苦。我們看得很清楚，那時因為

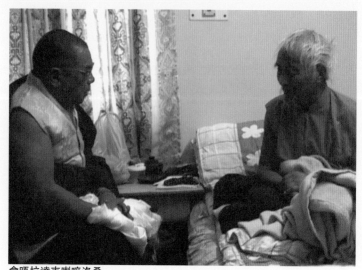

會晤拉達克喇嘛洛桑

身體不好，其實非常辛苦。

從機場到藏族村 Mabyunikikhrila 時，拉達克喇嘛洛桑前來接駕，說直貢法王有指示，請仁波切在德里一個最大最有名的醫院接受檢查，並請仁波切在德里好好地休息，住在他的地方，仁波切說：「謝謝，你好嗎？你們一點也不用擔心我，本來我到印度的主要目的，是去地吉林看看我建的兩個瑪尼大轉經輪，還有看看那裡瑪尼共修會的老人們身體好不好，我的身體不需要檢查，祖師們時時刻刻都眷顧著我，你們如果非要我去檢查也是可以的，但是總之一句話，不吃藥。本來我們瑜伽士不用像世間凡夫一樣檢查就醫，這些不用說會有幫助了，反而是有害的。」仁波切如此嚴肅地說。

洛桑說：「如果不吃藥的話，檢查也沒有用，不做的

在閉關中心桑滇林會晤強久林寺的阿闍黎，拉達克長老曲映喇嘛

話也可以。」

　　因此決定不去醫院了，隔天來到強久林寺，已經將之前在桑顛林的住處準備好了，所以就住在那裡。隔天強久林寺的金剛阿闍黎曲映前來拜見，他說：「仁波切身體健健康康地前來利益眾生，是我們所有弟子的福氣與緣分。」

　　仁波切說：「我生病是我的業，如果沒有病痛，眾生的業障不能清淨。主要是心，要調伏的主要是心，如果不是祖師們的眷顧，早就已經死了，現在能自由行動，怎麼可能還想回去，因為很久沒有供養強久林寺，現在來供養僧伽，主要是來看看地吉林的轉經輪與轉經的人。」

　　仁波切供養強久林寺239名僧人各一百元，桑顛林女尼寺的57位尼眾各一百元，把錢交給曲映長老，又說：

仁波切轉動自己蓋的瑪尼大轉經輪

「我不用特別參加，你是值得信賴的人，我明天想搬到地
吉林轉一轉兩個大轉經輪。」

本來的計畫是，如果仁波切病情加劇，拿不到前往新
加坡的簽證的話，仁波切就算想去也沒辦法，所以沒有先
買機票，那時因為仁波切病情已經好轉，沒有變差，確定
陽曆十二月二十一日出發，所以就開始準備簽證等事情。
十七日從桑顛林閉關房搬到地吉林的瑪尼共修中心，一到
那裡，仁波切就到兩大轉經輪前面發願與轉經，三天一直
如此，直貢法王的秘書次仁格樂前來拜見仁波切時，仁波
切說：「我因為生病身體不好，同時法王也在閉關，所以
我們沒辦法見面，這個禮品請代為呈上，要拜託他在今年
地吉林舉辦阿彌陀佛法會的時候，派個僧人擔任金剛阿闍
黎，除此之外沒有別的事了。」

藏曆八日地吉林瑪尼共修時，仁波切給予供養及整日
餐食，並為他們開示：

在地吉林瑪尼共修中心與大家一起唸瑪尼

　　「我自從建了大轉經輪之後，給每個負責轉經的人每月一千元，今天我已經給了，以後有台灣的功德主吳慧玲，她會一直供養到這輩子結束，你們也要為了利益自他一切眾生的緣故，常常地轉這個珍貴的大轉經輪，謝謝，還有不要懶散懈怠，你們年紀都很大了，在這離死不遠的期間，沒有比瑪尼更殊勝的，現在自己能決定來世去處的時候，如果還自己騙自己的話，那就徹底完蛋了，說多了也沒用，自己至今所做過的惡業惡資，要想起來認真的唸瑪尼，死時除了以清淨心為了利他累積的瑪尼，還有過去造作的惡果這二者之外，其他什麼也帶不走，所以你們要認真轉經，發願佛教興盛，六道一切有情眾生消除無明、獲得佛果；這裡頭包括了所有內容，可能有的人覺得不需要轉瑪尼，自己就繞著走，這樣是不可以的，一定要轉，我們轉瑪尼時，不是只要轉，也不是只要對三寶有信心就可以，自己身語意三門都要用到，以絲毫不造作的信心來

前往新加坡瑪尼法會

轉，然後每年地吉林所有人為了達賴喇嘛尊者長久住世修持三身儀軌，今年輪到修持阿彌陀佛了，我有供養金十萬，請你們修持回向給虛空如母一切有情證得圓滿佛果，今年修阿彌陀佛時，我已經拜託法王派一個好的師父來當金剛阿闍黎，你們要好好招待及伺候，我如果沒死，還會再來看看你們這些老人們。」之後回向結束共修。

　　十二月二十二日從強久林寺到新加坡，當時仁波切因為生病走不進機場，因此借了一座輪椅，到達新加坡機場時，有光明山寺的住持、赤札仁波切，拉桑仁波切，還有噶瑪法界佛學會的會長等人來接機，當天仁波切身體不適，說誰也不見，這是事先已安排好了，所以三天都在噶瑪噶舉中心休息。

　　十二月二十四日，搬到舉辦瑪尼法會的地點光明山，下午共修瑪尼，寺院的住持前來拜見上師竹旺仁波切，他

在新加坡共修瑪尼時，會晤噶千仁波切

新加坡光明山住持來見竹旺仁波切

供養了一尊蓮師與一尊觀世音的佛像，並說：「仁波切不
顧自己身體不好，爲了新加坡的人民與眾生的利益，不辭
辛苦來擔任瑪尼的主持，由衷的表達歡迎，今年的瑪尼法
會不論在人數或各方面都有很大發展，請加持瑪尼法會順
利圓滿，並願仁波切百劫住世。」

　　仁波切說：「緣起非常好，我們兩人的緣分很深，
尤其新加坡的人民與我的緣分非常地深，我來共修瑪尼很

仁波切不顧身體健康，照常參加瑪尼法會

多年了，今年我身體雖然不好，但是不來不行，現在很關鍵，今年新加坡這裡很關鍵，必須令新加坡的人民還有一切有情眾生安置於佛果，這對日後人人死時有幫助，不會一下全沒了，各自修瑪尼各自發願，『願清淨一切罪障』，自己有的業障，唸了瑪尼之後能清除，『一切眾生本即佛，只因客塵垢染遮，盡除垢染即是佛』。一切客塵垢染都要去除，然後死時能往上走，這些要記在心中，要對所有人說，鼓勵唸誦瑪尼，並教別人發願清淨業障，要護持上師的利生事業，這是我們的責任。」

　　十二月二十六日下午回向時，工作人員特別向仁波切與大眾報告，印尼發生地震，造成多人傷亡，請求大眾特別回向給這些亡者。仁波切說：「當然可以，本來我們平常回向時，都說：『為了虛空如母一切有情而回向。』我平常都這麼對你們說吧，要常常為了一切有情而回向。」

新加坡舉行年度瑪尼法會

　　當時因為地震，新加坡的很多鄰近國家在人民與財物上遭受到很多損害，但是新加坡很奇蹟似地一點也沒有感覺到地震，仁波切也說今年新加坡很重要，一邊共修瑪尼一邊為亡者廣大回向發願。在億遍瑪尼共修的期間，仁波切的身體一日比一日好非常多，但是在第七天的時候，大概是大殿裡的冷氣太強，病情又變得嚴重了，問仁波切是否要休息？仁波切說：「我死了也無所謂，瑪尼法會要圓滿，這樣的痛苦沒有什麼受不了的，本來你們也看不到煩惱障，我不會死的，放心。」

　　當晚寺院雖然找了最有名的醫生來，但是仁波切說：「我是瑜伽士，不需要醫療等服務，但是檢查是可以的。」因而只是檢查了一下，不願意吃藥打針，連醫生也沒辦法。

　　隔日病情自然緩和了，特別高興地對侍者們說：「今年瑪尼法會很成功。」

　　下午瑪尼法會圓滿結束，做完回向與接見大眾之後，仁波切從法座下來，人們站起來大聲唸誦瑪尼恭送仁波切時，仁波切來到大家面前，神情非常高興，像似一點也沒病的樣子跳了一陣子舞，人們非常歡喜地鼓掌，同時更大

聲地持誦瑪尼，仁波切非常高興地坐著輪椅，同人們一起鼓掌，似乎依依不捨的緣故，自然而然不同以往地繞著大家，瑪尼法會在這個情況下圓滿結束，很多人特別感動地落了淚。

雖然瑪尼法會期間，中心規定了不可特別拜見仁波切，但是來了一位帶著十歲大孩子的母親要見仁波切，正當不知該如何是好時，仁波切說：「當然見，我是想著利益眾生而堅持來到這的，除了利益眾生之外，我不需要任何財富名利，只要對眾生有幫助，任何人見不到面的人都該讓她見，我們佛法不要有偏袒，不應該阻止，有人要見我，是對我有信心才來，沒有信心的話，也不用阻止，他們自然不會前來。」因此讓她拜見了仁波切。

那位母親說：「這個孩子全身長瘡已經有好多年了，什麼辦法都不能改善。」

仁波切說：「這是你沒有報答父母恩的報應，他是來懲罰父母的討債人，父母要好好唸瑪尼回向給孩子，這樣會對孩子有幫助，自己的因果要自己消。」當時如是做了相應的開示。最後我們從新加坡回尼泊爾時，據說那個孩子身上所有的瘡都好了，母親爲了表達謝意，透過他人獻上了供養。

仁波切曾對新加坡噶瑪遍覆法界中心的會長與幹部做了特別的開示：

「你們能在新加坡這裡舉行億遍瑪尼共修，這是令我最高興也最有恩惠的事，同時也謝謝你們還對我個人的

身體再怎麼不好，還是不停為信眾發願

幫助，我也會好好為你們發願，願這個中心吉祥，事業圓滿，一切吉祥如意，願得悲心加持等等。舉行這樣殊勝的瑪尼法會時，你們要能夠嚴守誓言，這是很關鍵的，修完億遍瑪尼之後，一起工作、一起生活時，如果沒有誓言，就難有成果，所以要有誓言，楊會長他比較年長，要聽他的話，你們要認真做，如果這麼做，日後死時你們各自都會有好報，將往生極樂淨土。」

開示過後，一一在每個人面前為他們發願及加持。

瑪尼法會期間所收到的所有供養，就在結束的當天晚上，仁波切叫來仁欽林寺的幹部拉桑仁波切、裘喇嘛、達瓦敦珠、謝惹、敦珠侍者以及我到仁波切面前，要我們把錢算個兩三次，大家一致看到的數目，仁波切說全部要用在興建仁欽林寺，仁波切從幹部手裡拿到一張收據，錢全部交給幹部點收。這樣子每年都在新加坡舉辦的瑪尼共

噶瑪法界中心的幹部拜見竹旺仁波切

修，同時去台灣等外國時，仁波切的錢一分也不留下，都在三四位幹部面前獻給寺院。信眾供養時，仁波切不會把錢放在面前，馬上就收到包包裡，上廁所時也拿著去廁所，仁波切說：「他們會偷走。」共修瑪尼或供養的錢，仁波切完全不在乎數目，反而非常珍惜裝錢的紅包信封或袋子，全部拿在手中一次次發願，最後像燒明牌一樣，把燒成的灰灑到恆河或山頂。

2005年一月八日，直貢噶舉派仁欽林寺開始舉行一年一度的瑪尼億遍法會，並在當月月底圓滿結束，那年準備蓋仁欽林寺的大殿，出現入不敷出，所以幹部們討論後決定，為了蓋寺院，請台灣的功德主吳慧玲為仁波切舉辦

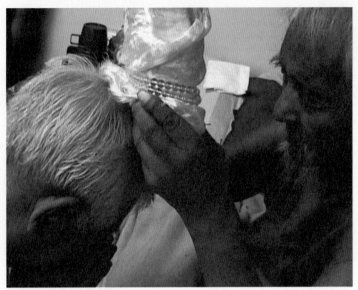

為新加坡楊會長加持發願

法會，我為了籌辦法會而到了台灣，之後又回去接仁波切，先從尼泊爾到印度，再到強久林寺，給予僧人供養與提供整日的餐食，又到地吉林給予供養與整日餐食，之後再從印度由侍者拉桑仁波切與我陪同下，直接飛到台灣，在台灣的機場有當地的直貢師徒、耶謝比丘、靈鷲山的法師等人都前來接機，並安排在台北長榮飯店住下。據說靈鷲山一年一度的水陸大法會，是台灣人一年之中最大的法會，今年請直貢噶舉派的僧眾前去修法，仁波切到會場坐定位之後，心道法師來拜見竹旺仁波切，仁波切什麼特別的話也沒說，心道法師表達希望一起合影的意思，仁波切也沒說不行，但是就坐著不動，所以沒辦法好好拍照，侍者說：「仁波切，這個上師很有名。」等等的話提醒仁波

仁欽林醫院開幕典禮

切，仁波切卻說：「我不知道他有沒有名，既然如此，你們去拜他跟他乞討，可悲，我不會欺騙眾生的，不會把至今辛苦利益眾生的結果浪費掉。」等等嚴厲地說了幾句。

後來在台北，地清法師特地邀請仁波切到一個佛學院裡，與兩千多人共修瑪尼並做開示及接見信眾，當時開示內容如下：

「我們為了能夠護持佛教，要想著六道有情眾生為具恩父母，捨棄親疏愛憎，對上恭敬守護佛教者，對下要不分親疏慈悲有情眾生，同時，有地清這樣一個善知識，你們要遵從他的教導，守護誓言，如果不守誓言，會造很大惡業，又積下了生在輪迴之因，所以拜託要遵守誓言，你們與這樣的善知識一起修行，是非常難得的。」

隔天在台北，由幾個明星準備了一個小小的共修地

在台灣，達龍永貞仁波切與拉桑仁波切迎接竹旺仁波切

點，在那裡與兩百多人一起共修瑪尼，當時開示內容如下：

「在這裡，你們得到這樣暇滿的人身寶，遇到輪迴一切有情該修的瑪尼法，在這樣的時代，輪迴的有情不懂很多佛法，同時我也不懂很多法，你們也不懂很多法，這個自己該修的法，必須聲音清楚悅耳地唸上百千萬十萬遍才好。」

之後功德主林慧瑛特別請仁波切到家裡，做除障與佛像開光，當時他的家人都非常歡喜且具足信心地求皈依，仁波切也說：「你們在家人該修的法是瑪尼，要心地善良，要想到自己要的東西別人也要，以這樣的心態來清淨學法，我們因為宿世業力，現在能夠見上一面，我希望你們除了以善心持誦瑪尼之外，還能夠完全吃素。」

八月二十一日，到聖南寺（尼寺）舉行三天的瑪尼共修，當時開示如下：

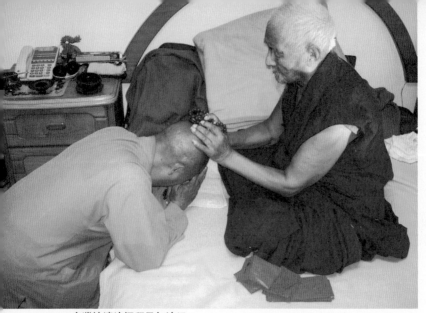

台灣地清法師拜見仁波切

「修心、修心，若修心的話就是佛教；修心、修心，若修心的話就是如來。修心的話，就是所謂的善心，若懂的話怎麼做都無礙，不然做什麼都沒有利益，慈心所做任何內外的善行都無礙，今天你們說要三身的口傳，這是你們不懂，瑪尼之中就有完整的三身，不僅如此，瑪尼的口傳也是本來就已得到的，但是所謂得與不得是在道上所說，主要是以清淨心認定這個瑪尼就是佛而修持，若是這樣，就能證得佛果，若沒有清淨心，一切所念所想根本不會有利益，最主要是能夠調伏自己的心，還有身語意三門要清淨，若是這樣，一切法會任運成就，自己亂七八糟地卻說『我知道』、『我有做』，不要這樣自己騙自己，要切切實實地修佛法，佛就在自己之中，所以要自己來修佛，要清除自己的煩惱，清淨了煩惱就能見佛，見不見是決定在自己，輪迴一切有情沒有不曾做過自己的父母，願

彼一切眾生所造惡業得清淨，願以瑪尼佛的加持獲得清淨。如此要一次次地發願，若不瞭解瑪尼的意思，唸了也沒幫助，雖然功德主請求我給大家三身灌頂，但是我不會灌頂，我今年特意給每個人傳了三身咒語的口傳，並把我的這個唸珠放在大家頭上，這就是我的灌頂，除此之外的灌頂我不懂，你們什麼都不懂，本來沒修行就什麼也不懂。」當時對大家保證了大家已經獲得三身灌頂了。

八月二十三日，地清法師迎請仁波切到他台南的中心灑淨、開光，並共修一天瑪尼，當時如此開示：

「來到這裡共修的大眾，要遵從上師，對瑪尼要具信心、恭敬、勝解地好好持誦，好好守護自己的誓言，為什麼呢？我只會說對世人有利益的法，會說話，聽起來好聽舒服等等這些我做不到，我以清淨發心為利益世人而宣講瑪尼，此法是一切法的精華，瑪尼是輪迴應修的法，瑪尼是佛的本質，像這樣好的佛法於當今流行的時候，不要散亂，以清淨心認認真真地唸誦的話，可以平息自己的一切違緣障礙；還有不要被各種大大小小念頭所影響，比如我病了、我很熱、只有我一個人做等等，這些都沒必要大驚小怪，生在這個生老病死的波濤駭浪之中，如果不病不熱，怎麼會叫做世間呢？

「大家都會生病，都會熱，有什麼辦法啊？該想想自己會死，要時時想到無常，意識到一切法的精華，除了瑪尼沒有更殊勝的了，以信賴的信心認真地持誦瑪尼。遇上了自己該修的瑪尼法，不趁現在沒病沒痛認真持誦的話，

與海濤法師一同發願

當死亡來臨時就太遲了。

「甘珠爾、丹珠爾的內容所要悟的不是世間的業,世人該修的法是瑪尼,如果不懂所有甘珠爾、丹珠爾所說的精華都總攝在六字之中,還想去學習別的法,想去找比自己該修的瑪尼更殊勝的法,甚至去學習世間八法,這是自己騙自己,一點用也沒有。

「這次不論哪個上師或僧人,若知道自己唸瑪尼,不僅可以自救,也可以引渡其他有情,所以要好好想想,作為一個輪迴的有情,要知道清淨自己前中後所造的一切惡業、罪障,自己走向解脫之地,以成就自利,自己死時,平常唸誦瑪尼、清淨發的願,就會成就往生極樂淨土的果實。往生之前,為了清淨無始以來所造罪業,必須發願:『六道一切有情無一不曾做過我的父母,願彼等所造罪障皆得清淨。』如此認真唸誦並發願,能清淨所造罪障,沒

有比瑪尼更殊勝的的法了，因此要努力地唸瑪尼。

「諺語說：『字字瑪尼比馬好，騎上快馬無路走；字字瑪尼比牛好，拉著氂牛無路走；字字瑪尼比錢好，帶上錢財無路走。』當自己必須雙手一攤獨自離開的時刻，到時需要什麼呢？需要瑪尼！若無瑪尼，先前所造的惡業，將報應墮落地獄的苦果。你們現在有能夠利益今生與來世的上師，應該心生歡喜、具有信心並恭敬；一切法唯心，因此對於自己的上師善知識，或者勝於自己的善知識，不可以心生邪見或視之為過失，就像野雁的奶雖然混在水中，小野雁能夠只喝奶不喝水一般，上師可能會有一點過失與錯誤，但是不要看這些過失，要看他的功德，這樣能令自己功德增長，並累積福德，因為一點邪見就會造成自他墮落的惡業，不要自己把自己浪費了，到目前為止累積的一切善根，自己弄沒了，還覺得自己很好，這樣就墮落了。所以不看過失看功德，以清淨心，帶著信心、恭敬、勝解來積福德，這樣的成果會回報在自己，對自己有幫助，這是輪迴法，大家都能懂，沒辦法什麼法都會，一切佛經密續的內容怎麼能都懂？例如『父母皆為該殺者，當滅國王清淨者，若滅輪涅一切處，此人將轉清淨性』這句話能懂嗎？不會懂的，自己懂的皈依與瑪尼好好唸，平常與朋友們和睦相處，對上恭敬師長，這樣做的話，當死亡來臨那天就會得到解脫。」

八月二十五日，仁波切在直貢的中心三身佛學會，二十七日與海濤法師及兩千名弟子一起去高雄的海邊放

在高雄西子灣放生的盛大場面

生，在海邊唸誦瑪尼時，做了下面的開示：

「現在我們需要什麼？有一個需求，卻得不到；一個得到的，卻不想要。怎麼說呢？一個需求是安樂，但是得不到；痛苦是不想要的，但是卻與它分不開。不能具足安樂，遠離痛苦，在親疏愛憎之中過了一生。喔，這點要好好瞭解，不然雖然懂了很多法，懂得各方各面，而對於真正應該要認識與修持的內容意義，是進入佛法的精髓，自己卻什麼也不懂，雖然說很多，聽很多，這一點意義也沒有。謝謝大家為了自己最重要的需求而來到這裡修法，來到這裡必須改變思維，不改變思維的話，來修法有什麼用？改變思維之後，要具足安樂，遠離痛苦。不然在苦樂二者之中，貪愛己方，瞋恨他方，造下貪瞋的業，如此浪費一生的話，死時由於貪瞋的業，去處只有一個，沒有好去處。

「現在自己能掌握的時候，就要現在做改變，來到這裡的所有人都很不可思議，都是有緣、發過願的，在今天這個好時間，我為你們說說瑪尼的精華，平常我們只知道唸瑪尼，很難知道它的精華是什麼；對我來說也很難，

但是我見到佛之後得到教言，我想如果告訴你們應該是有幫助的，所以我來到這裡。瑪尼的精華是佛，平常我們唸瑪尼，很少祈求佛吧，從今以後，唸瑪尼要祈求佛，今天我們大眾來到這裡，都是唸著佛的精華，造的業也是佛的業，成果也是得到佛的成果，這些是不要比較好呢，還是精進修持比較好？都說『佛法無主，看誰精進』，我們把法修到底不是比較好嗎？

「今天我們要放生九十萬條魚吧，在這時刻如果能生起強烈地知過、厭離心，對眾生生起慈悲菩提心，而去行善的話，眾生會因此得到利益，自己也會得到利益，你們想一想，如果把九十萬條魚賣了，殺了，會有多少罪，為了這些，造了多少貪嗔的業，這些魚有多少痛苦，親手殺了這種有九條命的魚類，把他們賣了吃了，其果報除了下地獄，沒有其他去處。對於過去自己吃，別人賣等等所造一切殺生的惡業要生起強烈的知過與出離之心，尤其今天要做這樣的善業，一定要在心裡牢牢記住，以清淨心一再地分辨善惡取捨，我們不要浪費具足八暇十滿的人身……。」仁波切開示了不可浪費人身等等內容，海濤法

師也做了開示後，所有人唸著瑪尼，一邊從車上用水桶把魚放入海中，當天放生九十萬條魚，做了離怖畏的布施，仁波切與僧眾們一同大聲唸誦普賢行願及回向。

八月二十八日為三身佛學會的開示如下：

「要對來到這裡的你們說的是，現在你們有空可以修法，是自己的能力，其他任何人也都不能替你們作主，你們一定要放下親疏愛憎，輪迴一切有情沒有不曾做過自己父母的，對他們要沒有偏袒地願他們都得到安樂，請這樣發願或發心來持誦瑪尼。之前中心的弟子，供養了台幣十萬元，還有其他幾萬元，這個十萬元整我會把它留下來用在平常共修瑪尼。我是中心的上師，如果中心裡什麼都沒有，我空有一個中心的名字這樣不行，大家最好的話每個月有一次共修，再不行的話一年共修一次，這些錢作為共修的基金，這對你們有幫助，對一切有情也有利益，請你們大家都來中心共修，這個中心只會對有情有利，不會有害。」便將十萬元整當著大家的面交給了功德主吳慧玲。

九月二日到台中萬佛寺舉辦瑪尼一日共修，當時對寺裡僧眾及弟子的情況做了如下開示：

「佛一開始就說調伏自心是佛教，修法者最主要的就是一定要調伏自心；自心要調伏，自心要能吃虧，心如果做東做西，會有法嗎？不會有法。心要能清淨，法有八萬四千，而我們因為業力及因緣，我們在這甚深瑪尼法會中唸誦瑪尼，唸誦時要以清淨心來唸，如果亂七八糟地唸，或帶有親疏愛憎，昏沈掉舉，嫉妒煩惱等等，以及一邊聊

在高雄三身佛學會裡共修瑪尼

天一邊唸誦，這樣是修法嗎？不是。今天我們來修法是爲
了認識自心而成佛，瑪尼就是佛，唸瑪尼佛的時候要調伏
自心，要有悲心，要有慈心，要有這幾個根本：要有利益
眾生的心，自己心中要有出離心和知過患的心。浪費具足
十八暇滿的人身好嗎？就試一次看看不好嗎？

　　「唸瑪尼的時候要以清淨心，聲音清楚且悅耳的方式
來唸，我們今天在修佛，自心如果不清淨，怎麼能認得出
佛來？要用慈悲心唸誦瑪尼，菸酒葷肉根本就不可以在瑪
尼之中，這些一定要戒掉。

　　「我們的人生一點也不長，現在不要自己騙自己，
應該以清淨心來唸瑪尼，以此可以清淨自己造過的所有罪

業；罪業清淨了，就能見到佛。我們修法的目的，不是爲了自利，是不分親疏，爲了輪迴一切有情，而以增上意樂生起慈心悲心菩提心而修法，這樣子自利也會自然成就了。我不會說謊騙人，這是一定要瞭解的。」

九月三日早上到直貢甚深圓滿佛學會，共有三百多名弟子聚集共修上師薈供。下午被仁欽多吉仁波切迎請到他的新中心開光，做了詳細的開光儀軌，並與仁欽多吉仁波切談話融洽之故，晚上才搭飛機回到三身佛學會。

這次台灣之行，各個功德主與信眾一共供養了六百多萬台幣和五千多美金，台幣全部供養建設尼泊爾仁欽林寺。五日直接從台灣搭飛機到印度德里，特別再去強久林寺爲僧眾施茶及給予供養，之後特別負責新的佛學院整日餐食，以及圓滿的供養，又對直貢法王說：「我已經很久沒見達賴喇嘛尊者了，今年務必要見上一面，請爲我聯繫一下噶廈。」

法王說：「達賴喇嘛尊者幾天後要出國，可能要儘快去。」

隔日動身前往達蘭薩拉，在路上決定投宿一家賓館，那天仁波切與平常不同，不願意坐在床上，仁波切不斷指責：「這兒不乾淨。」

侍者說：「除了床上沒別的地方坐。」

最後仁波切在賓館的床底下揮打了幾下後說：「喔現在可以了，可憐，你們什麼都不知道。」如此說了之後才

在德拉敦強久林寺拜見直貢法王

願意坐下。

到達蘭薩拉時，由於旺傑長老已經特別在乃瓊寺準備好住處，因此就住在那裡。

十月十二日早上，與旺傑長老一起到達賴喇嘛尊者的小會客室。仁波切因為坐在輪椅上，所以達賴喇嘛尊者到會客室外牽著竹旺仁波切的手入內，達賴喇嘛尊者問：「清淨真誠的仙人身體是否安康？」

仁波切回答：「由於您的悲心與恩惠，利生事業無邊際展開，尤其做了瑪尼即佛的介紹。」

達賴喇嘛尊者說：「謝謝你，為了佛教與眾生的利益，要長久住世，所以行為要對，稍微吃點藥是好的。」說著給了仁波切五盒藥丸。

竹旺仁波切說：「好的，這裡有美金五千元，台灣人給我的，一點點供養不成敬意。」說著放到尊者手上。

達賴喇嘛尊者也送給竹旺仁波切一尊千手千眼觀世音

在達蘭薩拉乃瓊寺會晤估顛仁波切

的身像，並說：「這是作為長劫住世利生的緣起。」彼此
皆非常歡喜。

　　仁波切說：「閉關的長髮在哪裡？要拿來做供養。」

　　會面結束之後，大家一起在會客室外頭照相，之後回
到乃瓊寺，再回到尼泊爾自己的寺院。

　　2006 年藏曆一月十五日，仁波切主持地主開腹儀軌，
為建設仁欽林寺的大殿做準備，仁波切從2003年來到尼泊
爾，都會在藏曆四月裡擔任金剛阿闍黎，舉行一年一度的
瑪尼億遍法會，當年在拉章樓頂的大殿共修瑪尼，並於平
日瑜伽中入定，應機開示相應之法。

　　四方功德主與信眾所供養的一切衣服物品，年年固定

拜見達賴喇嘛尊者

都會全部獻給寺院，又並非私自給予某一幹部。既是公共財產，一定要聚齊三人，仁波切說：「三人爲公。」不管給予寺廟任何東西，一定會聚齊三人。

　　又，供養衣服物品時，首先在大殿中一起唸誦上師供養法，然後仁波切將要供養的物品放在僧眾面前，由寺院的三位幹部點算，下座之後，東西不讓人帶走，由幹部們爲每個物品標出非常低的價格，在當天賣給所有僧眾，仁波切會一起坐在那裡看著。有時供養僧眾全日餐食的時候，都會指示工作人員及廚師要圓滿地供餐，供餐時也會親自去看食物好壞，並在那裡就餐，回到住處後，不僅會問侍者今天的餐食好不好，只要路上遇到僧人，也都會問，不僅在於自己的感覺，也注意到每個僧人不同的感

仁波切仔細巡視僧眾食物

受。對於僧眾的財物及供養都非常謹慎，有一次仁波切從強久林寺的閉關中心桑顛林要前往拉達克等地，所有一切寺院的東西，都要寺院點清，總之就像再也不回來似地做交還，仁波切常說：「佛教的根基在僧伽，能夠供養僧伽，就是我的利生事業。」不論在薩迦格魯噶舉寧瑪的寺院裡，供僧的時候都不分地位高低大小，只要是出家人，都沒分別地供養，寺院裡的僧人，完全不會因為地位高就多收供養。

有一次，四方功德主來做供養，仁波切立刻就叫侍者算錢，問東西是好是壞，不僅錢財全部是由仁波切自己保管，從侍者算錢開始，仁波切就坐著從頭看到尾：「佛教

仁波切仔細巡視僧眾食物

的根基在僧伽，能夠供養僧伽，是我們大家的福份，用一份財累積兩份資糧，功德主把錢交給我，我們供養僧伽，這樣不是很好嗎？要小心謹慎啊，會造惡業的。」仁波切如此一次次警告侍者。

直貢替現存的吉天頌恭留齒像，以及有帝洛巴手印的勝樂佛像，是竹旺仁波切在文革時不顧性命危險，偷偷保留下來的，為了能讓信眾供奉，目前已放在直貢替寺的靈塔中裝藏。

公元2007年四月三十日直貢法王看望竹旺仁波切

聖者圓寂

直貢卓策堪布 續撰

　　2008年，新加坡的光明山確定要在新年期間，舉辦第六次瑪尼億遍共修法會，當時瑪尼籌備委員會與信眾們祈請仁波切很久，希望仁波切不要改變承諾，仁波切自己也承諾要去，但是仁波切生了重病，侍者拉桑仁波切，寺院的幹部們都強烈請求這次的法會不要去，當他們對仁波切說：「請您身體好的時候再去。」

　　仁波切回答：「你們什麼都不知道，我需要的只有瑪尼，我的方式我自己知道，你們別管。」

　　人們不敢隨便違背仁波切的指示，拉桑仁波切這樣想：「在過去的歷史中，像這樣殊勝的上師，很多都出現過侍者緣起不好的情況，如果阻止仁波切前往，在緣起上就會有過失。」正當不知道該怎麼辦的時候，幸好當時努巴仁波切的侍者千諾在印度，便請他代為請示直貢法王。他專程去見法王，把事情稟告之後，法王指示：「如果是其他人，可以勸他別去，但是仁波切是成就者，不可以勸，就按照他的意思做吧，但是到了新加坡，在醫院仔細檢查一下會比較好。」之後我們確定要去接仁波切。

竹旺仁坡切新加坡簽證

　　2007年十二月二十五日，星期二，我們在尼泊爾機場將仁波切接上飛機。在飛機裡，當侍者獻上一碗稀飯時，仁波切問：「快到了嗎？」

　　侍者說：「還有一個多小時就到了。」

　　仁波切說：「好，好，很好。」除了這樣說之外，沒有再說別的話。到了新加坡機場，就有至尊依怙噶千仁波切、赤札仁波切為首的上師僧眾，以及眾多信眾等候接機，仁波切坐著輪椅出來，噶千仁波切雖然獻上哈達，竹旺仁波切也僅是點個頭，沒有跟任何人說話，所有接機的人，看到仁波切身體大不如前，變得非常差，面容也改變很大，大家都非常難過。之後直接把仁波切接到光明山，一到光明山，馬上就請來醫生看病，醫生說：「仁波切已經回天乏術了。」馬上送仁波切到醫院之後，晚上十二點，仁波切於醫院中融入法界圓寂了。

仁波切的法體在尼泊爾仁欽林寺

迎請仁波切法體茶毗

之前噶千仁波切去尼泊爾時，竹旺仁波切曾說：「我們兩人還會再見一次面。」

噶千仁波切事後說：「當時完全忘了，但是仁波切曾說過：我們最後會在新加坡見面。」

隔日將仁波切法體放在靈柩裡，送到光明山大殿一側，周圍擺設眾多供品資具，開放信眾瞻仰，由噶千仁波切與赤札仁波切為首的上師僧眾們以上師供養法修喪亡儀軌，之後由飛機將法體運回尼泊爾，由直貢仁欽林寺的僧眾與閉關上師索南覺佩仁波切承擔主要事物，僧人們隆重列隊迎接仁波切法體至舊的大殿中，喪亡儀軌的金剛阿闍黎由閉關上師索南覺佩擔任，每日主修不動佛儀軌，還有勝樂、極深密意文武百尊、酬補懺悔、亥母、大日如來等等的喪亡儀軌，妥善安放仁波切法體，七日之中不允許人

直貢法王在西面修火供

們瞻仰。七天過後,從陽曆一月四日開放信眾瞻仰。一月
十二日,直貢法王來到寺中,尼泊爾各寺院的僧尼,幾千
名百姓都來拜見,當時海濤法師也帶兩百多名弟子前來瞻
仰仁波切法體,最終在花園裡蓋了一個很好的火化房,當
天上午,直貢法王為首的三百多名上師與僧眾,以及聚集
的幾千名百姓,排了長長的列隊迎接法體,靈柩的西面,
為直貢法王修不動佛的火供,南面為直貢堪千仁波切修大
悲觀世音火供,東面為閉關上師索南覺佩仁波切修文武百
尊火供,北面為赤札仁波切與拉企閉關上師敦珠巴丹仁波
切修勝樂火供,當天修完儀軌之後,即關門守房七日,陽
曆一月二十一日,開門之後,以儀仗迎請仁波切的骨灰骨
頭至大殿,當時火化裡出現頭顱與五方佛舍利,骨灰與骨

在仁欽林寺茶毗

頭做成了五千多個擦擦泥像，仁波切的銀製靈塔有十六肘
高，非常莊嚴，靈塔上方是金銅製的勝樂壇城，整個靈塔
形象是菩提供塔，此靈塔的功德主是德國的度母媽媽，靈
塔的門楣內是一尊非常細緻的金銅金剛持像。用來超度仁
波切的佛像，是放在大殿中，仿造吉天頌恭留齒像而做的
一尊稀有的吉天頌恭身像，這尊佛像與當時火供時所用資
具的費用，都是竹旺仁波切的台灣中心功德主吳慧玲（卓瑪

央宗）及信眾集資供養的。

　　同時也獻給達賴喇嘛尊者回向禮，又不分教派，在印、藏、尼各個寺院中廣做齋僧與獻回向禮，當時地吉林的長老與瑪尼共修會的會長等人都前來做了廣大供養，海外各國仁波切的弟子也前來，隨自己經濟情況，做了廣大供養，並在尼泊爾博達佛塔前聚集一千多名僧尼共同發願，祈求仁波切的轉世快點再來，仁波切的靈塔，在新大

閉關上師索南覺佩在東面修火供

殿落成時，由直貢法王圓滿開光，一切仁波切圓寂的法事
皆圓滿完成。

> 如是成就自在瑜伽士，
> 相好之身生於直貢區，
> 直貢替中精進修苦行，
> 部主巴瓊上師之尊前，
> 證得雙運金剛持果位，
> 勇猛發心利生之事業，
> 出離西藏衛地走全球，
> 各地建立瑪尼共修會，
> 祈請雪域本尊觀世音，
> 心意與之相融竹旺師。
> 不具親疏愛憎瑜伽士，
> 如實了知他心稀有者，
> 某時調伏眾生時已盡，

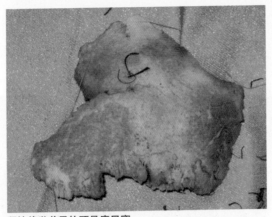

留給後世弟子的頭骨摩尼寶

新加坡國收攝彼化身，

經由天路迎接其法體，

仁欽林寺圓滿裝供已，

作為福田頂髻賜摩尼。

　　世界聞名的直貢竹旺貢覺諾布，大悲觀世音的化生，
從出生至圓寂的傳記彙集，是奉至尊依怙努巴仁波切與巴
給貢覺諾布等人的指示，智者惹色貢覺嘉措撰寫西藏時期
生平，至尊依怙努巴仁波切撰寫出國最初部分，堪布貢覺
札西撰寫前往拉達克部分，直貢巴給貢覺諾布撰寫前往印
度尼泊爾各地部分，直貢卓策撰寫圓寂部分。彙編全部內
容者，為直貢巴給貢覺諾布，他從很早以前就如此想：像
仁波切這樣修持頂莊嚴，對於六道有情能夠真正心口合一
不分親疏地視為父母，如他這般的傳記，欲以不做捏造修
飾，將所見所聞的記載彙編於此。

竹旺仁波切舍利塔

2009年直貢兩位法王為首，及眾多博智成就上師為竹旺仁波切的舍利塔加持

國家圖書館出版品預行編目資料

大成就者的加持：竹旺貢覺諾布傳 ／智者惹色貢覺嘉措
等撰；劉哲安藏譯 . -- 第一版 . -- 臺北市：樂果文化出版
：紅螞蟻圖書發行，2016.12
　　面；　公分 . -- (樂繽紛；40)
ISBN 978-986-94140-1-2(平裝)

1. 竹旺仁波切 2. 藏傳佛教 3. 佛教傳記

226.969　　　　　　　　　　　　　　105023626

樂繽紛 40

大成就者的加持——竹旺貢覺諾布傳

作者：智者惹色貢覺嘉措 等人同撰
藏譯中：劉哲安
編審：努巴仁波切、直貢卓策
製作統籌：巴給貢覺諾布、卓瑪央宗
文字編輯‧美術編輯：與之澄明有限公司

行銷企劃：黃文秀
出　　版：樂果文化事業有限公司
讀者服務專線：（02）2795-3656
劃撥帳號：50118837號 樂果文化事業有限公司
印刷廠：卡樂彩色製版印刷有限公司
總經銷：紅螞蟻圖書有限公司
地址：台北市內湖區舊宗路二段121巷19號（紅螞蟻資訊大樓）
電話：（02）2795-3656
傳真：（02）2795-4100
2017年1月第一版

定價 / 350元
ISBN：978-986-94140-1-2